# Ce populisme qui vient

Graphisme : Agnès Dahan
© Les éditions Textuel, 2013
4, impasse de Conti
75006 Paris
www.editionstextuel.com
ISBN : 978-2-84597-472-2
ISSN : 1271-9900
Dépôt légal : septembre 2013

conversations pour demain

*textuel*

# Ce populisme qui vient

## Raphaël Liogier

Conversation avec
Régis Meyran

## Bibliographie de l'auteur

- *Jésus, Bouddha d'Occident*, Paris, Calmann-Lévy, coll. « Sagesse », 1999.
- *Géopolitique du christianisme* (dir. avec Blandine Chélini-Pont), Paris, Ellipses, coll. « Référence géopolitique », 2003.
- *Être bouddhiste en France aujourd'hui* (avec Bruno Étienne), Paris, Hachette, 1997; nouvelle édition révisée, coll. « Pluriel », 2004.
- *Le Bouddhisme mondialisé : une perspective sociologique sur la globalisation du religieux*, Paris, Ellipses, coll. « Référence géopolitique », 2004.
- *Une laïcité « légitime » : la France et ses religions d'État*, Paris, Entrelacs, 2006.
- *Le Bouddhisme et ses normes : traditions, modernités* (dir.), Strasbourg, CNRS/Presses Universitaires de Strasbourg, coll. « URS », 2006.
- *À la rencontre du dalaï-lama : mythe, vie et pensée d'un contemporain insolite*, Paris, Flammarion, 2008.
- *Religions et valeurs en France et en Europe* (dir. avec Claude Dargent et Bruno Duriez), Paris, L'Harmattan, coll. « Religions en questions », 2009.
- *La Pensée de Midi* n° 30 : *De l'Humain : nature et artifices* (dir.), Arles, Actes Sud, coll. « Préjugés », mars 2010.
- *Sacrée médecine : histoire et devenir d'un sanctuaire de la Raison* (avec Jean Baubérot), Paris, Entrelacs, 2010.
- *Les Évidences universelles*, Paris, Éditions de la Librairie de la Galerie, 2011.
- *Le Mythe de l'islamisation : essai sur une obsession collective*, Paris Seuil, 2012.
- *Souci de soi, conscience du monde : vers une religion globale ?*, Paris, Armand Colin, 2012.

# Sommaire

**7    Préface**

**11   L'appel au peuple**
Échappant au clivage gauche/droite, associant dans son discours éléments progressistes et réactionnaires, le populiste s'exprime au nom du « peuple » contre le « système ». Invoquant la vérité et le bon sens de ce peuple fictif, il se pose dès lors en héros incritiquable. Ni simple démagogue, ni extrémiste marginal, il a vocation à rassembler, pour prendre le pouvoir. Ainsi en est-il du nouveau Front national, fruit de la mutation politique de la France des années 2000, qui s'affirme à la fois nationaliste et anticapitaliste.

**29   Retour aux années 1930 ?**
Une telle convergence contre-nature entre conservateurs et progressistes ne peut s'effectuer que sur l'autel d'une crise des grands récits collectifs, en particulier aujourd'hui après la perte de la prééminence de l'Europe au profit de nouvelles grandes puissances. Cultivant la frustration collective ainsi ressentie, les populistes s'en prennent d'abord, pour subvertir les valeurs démocratiques, aux ennemis de l'intérieur, jadis les juifs vus comme surpuissants, aujourd'hui les musulmans supposés envahissants.

**53   Le populisme liquide**
Le populisme actuel ne se stabilise plus comme dans les années 1930 sur des idéologies précises, mais fluctue au gré des sondages. La notion vague d'une « culture » à défendre – contrairement à celle de « race » chez la vieille extrême-droite – permet des montages

contradictoires et volatils, associant par exemple la laïcité républicaine aux racines judéo-chrétiennes de l'Europe, ou aux liens sacrés de la famille. Ce populisme « liquide » infuse toute la classe politique et ronge progressivement l'État de droit.

## 87   Une pathologie de la modernité

Le populisme est propre à l'époque moderne. Le démagogue antique pouvait s'appuyer sur la plèbe, mais ne se référait pas au peuple pris dans son ensemble. La modernité invente le « peuple » et, dans ce cadre, valorise les choix de vie de tous les individus. Le populisme, sacralisant le peuple contre les individus, est l'envers de la modernité : il peut aller jusqu'à la négation des libertés les plus intimes. C'est ce risque majeur qu'encourent aujourd'hui les Européens, emportés dans un combat pour la défense d'une « essence » du monde occidental.

## 107   Notes

# Préface

Jusqu'à quel point le populisme
est-il une réalité ? Menace-t-il aujourd'hui
la démocratie en Europe ? Sommes-nous
en train de revivre la période troublée
et instable des années 1930 ?
Les historiens le savent bien : quand
on se livre à la comparaison historique,
il faut rester très prudent et éviter
l'anachronisme. Autres temps, autres
mœurs : le quidam des années 1930 avait
une vision du monde qui n'était pas
la nôtre. Pour autant, la comparaison
peut ne pas être inutile. Or, le lecteur
averti sait qu'il existe d'excellentes
études sur le charisme de Hitler
ou les mécanismes de la propagande
dans le nazisme, ou encore
sur les fondements idéologiques
des fascismes, et même quelques-unes
sur le populisme au XX$^e$ siècle.
Mais pour ce qui concerne la période
contemporaine, les analyses
restent à faire.
Voilà pourquoi nous avons demandé
à Raphaël Liogier de réfléchir
aux différences et aux points communs
qui caractérisent la situation actuelle par
rapport à celle du siècle précédent.
Ce sociologue original, professeur
à Sciences-Po Aix, dirige l'Observatoire

du religieux – un laboratoire de recherches destiné à l'étude de toutes les formes de croyance, depuis les religions classiques jusqu'aux « nouveaux mouvements religieux », cette vaste nébuleuse de sectes et de courants mystiques et ésotériques qui s'élabore depuis la fin des années 1960. Après plusieurs livres, dont un consacré aux impensés de la laïcité « à la française » (*Une laïcité légitime*, 2006) et un autre à la genèse de l'individu moderne dans le monde globalisé (*Souci de soi, conscience du monde*, 2012), Raphaël Liogier est devenu très présent dans les médias, avec son ouvrage *Le Mythe de l'islamisation* (2012). Critiquant la stigmatisation dont sont victimes les musulmans en Europe, nouveaux boucs émissaires accusés de menacer les identités nationales, ce chercheur nous est apparu la personne idéale pour mener une réflexion en profondeur sur l'essor actuel des populistes, lesquels font du mythe de l'islamisation leur fond de commerce. Les pistes qu'il aborde dans ces conversations, originales et parfois inattendues, sont à explorer sans modération, pour tenir tête aux faiseurs d'opinions et aux démagogues qui, sur les questions de la laïcité, de l'identité, du racisme

ou des droits de l'homme, ont hélas
tendance à saturer l'espace public.
En un mot, Raphaël Liogier nous invite
à la résistance intellectuelle, face
aux pires idées reçues.

Régis Meyran

# L'appel au peuple

« Populisme » : ce terme est récurrent dans les médias. Pour autant, le mot n'est-il pas galvaudé ? On ne sait plus trop ce qu'il signifie, ni à qui ou à quoi l'attribuer. Qu'est-ce que le populisme ?

Souvenez-vous lorsque en avril 2013 Henri Guaino, ancien conseiller du précédent président de la République devenu député de l'opposition, s'emporta au milieu de l'hémicycle, en plein débat parlementaire sur le « mariage pour tous ». Sur un ton prophétique, avec des trémolos dans la voix, il invoqua soudain le Peuple : « Donnez la parole au peuple qui la veut, qui l'ordonne, qui l'exige ! » Le ton imprécatoire et mystique utilisé ici est important. Guaino devient le médium à travers lequel le peuple parle, ordonne, menace même. Il est possédé par l'esprit du peuple, en contact direct avec lui. Dans un sens, il n'est plus parlementaire et peut dès lors se permettre de sous-entendre que les députés (ses collègues !) favorables au « mariage pour tous » ne sont pas représentatifs de la vérité du Peuple. Parler en lieu et place du peuple tout entier, voilà ce qu'est le populisme.

Il s'agit d'invoquer l'esprit du peuple au-delà de toute raison rationnelle, pour justifier la supériorité de ses opinions. On retrouve une telle attitude chez Manuel Valls, ministre de l'Intérieur, s'insurgeant dans le même hémicycle contre un arrêt que la Cour de cassation venait juste de rendre, là aussi sur un ton d'imprécation (j'y reviendrai plus loin en détail). Un ministre ne peut normalement commenter une décision de justice, *a fortiori* en séance de l'Assemblée nationale. Mais Valls se sent investi par le peuple, puisqu'il dit ne pas s'exprimer en tant que ministre mais en tant que simple citoyen. Ce qui est une absurdité puisqu'il ne pourrait pas bénéficier d'une telle tribune, s'exprimer pendant une séance du Parlement, s'il n'était pas ministre ! En fait, il veut dire qu'il ne fait plus partie de l'élite au moment où il prononce sa déclaration, parce qu'il communie avec la vérité populaire (contrairement aux magistrats qui ont pris la décision qu'il critique, et qui sont, eux, illégitimes) et qu'il peut donc tout se permettre, y compris de transgresser les conventions.

**Mais ce type d'appel au peuple, très grandiloquent, est parfaitement ridicule. Faut-il prendre de telles sorties au sérieux ?**
Tentons une expérience avec ce que l'on peut trouver de pire dans l'histoire en matière de populisme. Essayez de visionner un discours de Hitler en vous abstrayant de l'horreur du nazisme. C'est difficile, je sais, mais essayez quand même. Qu'est-ce que vous voyez ? Un petit moustachu pitoyable, qui semble s'exciter tout seul. Sauf qu'il est suivi par des millions de gens. Charlie Chaplin n'a rien exagéré dans son film *Le Dictateur*. On peut même dire que la réalité clownesque du personnage de Hitler invoquant, en se cassant la voix, le peuple allemand (le *Volk*) dépasse la fiction. Il en va de même pour Mussolini, petit gros en uniforme d'opérette prononçant des discours qui pourraient être des sketchs de *one man show*. Mais voilà, de tels spectacles ne passent pas pour des sketchs et sont pris au sérieux. Le problème n'est pas qu'il y ait des personnalités – souvent un peu infantiles pour les pires d'entre elles – qui invoquent l'esprit du peuple mais que personne ne rie, que « le courant passe », comme on dit. Or aujourd'hui, justement, pour de plus en plus de gens le courant passe. On peut dire que nous sommes dans une époque populiste, lorsque en raison d'un malaise collectif, des attitudes, des discours de ce genre, objectivement hilarants, ne font pas rire. Silvio Berlusconi, s'il était acteur de

cinéma pourrait être drôle, un personnage intéressant par son côté caricatural, grotesque, avec ses cheveux archi-gominés, ses sorties burlesques ; seulement ce n'est pas un acteur mais un homme puissant que le public prend au sérieux. Quelqu'un comme Oskar Freysinger, avec son ton gouailleur, sa queue de cheval en catogan, qui se veut romancier, poète et porte-parole de l'âme du peuple suisse, pourrait lui aussi porter à rire, s'il n'était pas membre du Parlement de son pays et l'initiateur de la votation qui a abouti à l'interdiction pure et simple de construire des minarets sur tout le territoire helvétique.

**Quelles sont les caractéristiques du « peuple » ainsi invoqué par les populistes ?**

Le peuple du populiste n'a aucune caractéristique précise… pour pouvoir revêtir n'importe lesquelles suivant le besoin. Le peuple n'est rien et il est tout à la fois, partout et nulle part, pourtant chacun semble savoir de quoi l'on parle. L'image fantomatique et omnipotente du Peuple passe par une certaine indétermination, par le flou de sa définition, qui le rend insaisissable et permet de rassembler en son nom, au-delà des distinctions idéologiques classiques, et d'insuffler même une étrange atmosphère d'unanimisme. On peut donc définir d'emblée le populisme comme l'appel à la fiction du Peuple porteur de toutes les vertus et de toutes les vérités qui vont de soi (sans que l'on ait à les définir précisément). De plus en plus répandue chez les politiques, les journalistes, chez l'homme de la rue, dans les conversations courantes, cette *invocation* du bon sens et des valeurs populaires finit par autoriser les écarts avec des comportements normaux, et même la transgression des droits de l'homme et la limitation concrète des libertés fondamentales… au nom même de la liberté abstraite du Peuple !

**Un populiste n'est alors ni plus ni moins qu'un démagogue ?**
Absolument pas. Dissipons tout de suite ce malentendu. Le mot « démagogie » n'est pas synonyme de « populisme ». La démagogie, c'est tenter de séduire le plus possible de gens, cette tentation existant dans tout régime démocratique et visant à caresser les gens dans le sens du poil, à répondre à leur désir : c'est ce que Habermas appelle le « marketing politique ». Le démagogue ne parle pas forcément au nom du Peuple, il cherche seulement à donner des avantages aux uns et aux autres pour se faire bien voir. Le populiste, lui, s'exprime au nom de l'esprit du Peuple, de la majorité brimée, qui serait réduite au silence, étouffée, dont il se fait le héros (il ose se lever en son nom contre le mal omniprésent, contre la corruption) et le héraut (le porte parole). Un démagogue n'est pas forcément populiste, mais, en revanche, tout populiste est forcément démagogue.

**Le populiste ne ferait-il alors que contester l'ordre établi ?**
Le vrai populiste ne conteste rien en particulier mais oppose la Vérité du peuple oppressé aux mensonges du « système », aux dominants qui tirent les ficelles : les hommes d'affaires, les magistrats, les parlementaires, les fonctionnaires, tous ceux qui semblent fabriquer un monde corrompu. Il s'appuie sur une vision manichéenne du monde.
On assimile d'habitude le populisme à des partis extrémistes exclusivement contestataires et à des leaders marginalisés, qui par conséquent n'ont pas vocation à prendre le pouvoir et encore moins à le

garder. Ils seraient là seulement pour canaliser la frustration et la rage d'une partie de la population. Je pense, tout au contraire, et c'est un des points cruciaux de ma thèse, que le populisme consiste justement à sortir de la logique de la contestation émanant des marges extrémistes, que ce soit de l'extrême-droite ou de l'extrême-gauche. Il nourrit un sentiment d'unanimisme, rassemblant les gens au-delà des familles partisanes au nom du bon sens du vrai Peuple.

**Considérez-vous le populisme comme une forme d'extrémisme politique ?**

Oui et non, c'est là toute la subtilité du populisme. Celui-ci permet l'expression de positions extrémistes, mais qui n'apparaissent plus comme telles. Il se traduit par l'alliance normalement contre-nature entre les conservateurs (droite conservatrice et extrême-droite) et les progressistes (gauche et extrême-gauche). Cette alliance permet de faire émerger un nouveau type de majorité, une sorte de consensus tacite plus émotionnel que rationnel. Celui qui surfe sur cette émotion, qui sait la capter, peut ainsi s'emparer du pouvoir avec cette nouvelle majorité. On voit bien qu'Henri Guaino ne cherche pas à proposer des arguments rationnels, forcément sujets à discussion, lorsqu'il invoque la volonté du peuple contre le « mariage pour tous ». Il cherche plutôt à faire partager immédiatement un sentiment d'appartenance, à susciter une réaction émotionnelle de défense de la « vraie famille », de la « vraie filiation » qui va de soi. On retrouve le même procédé rhétorique lorsque Manuel Valls ou Marine Le Pen évoquent la laïcité sans lui donner un contenu précis et juridique.

> **Pour vous donc, même quelqu'un comme Hitler, lorsqu'il entre dans sa carrière de leader populiste, ne serait plus vraiment d'extrême-droite ?**

Absolument, et le même phénomène apparaît aujourd'hui dans toute l'Europe. Marine Le Pen aujourd'hui n'est plus un leader d'extrême-droite, elle qui se dit anticapitaliste. On pourrait évoquer aussi le cas du parlementaire Pim Fortuyn aux Pays-Bas, homosexuel notoire, défenseur de la liberté sexuelle et obsédé par la lutte contre l'immigration, fondateur d'un parti qui oscille maintenant entre la deuxième et la cinquième place aux élections. On pourrait encore citer, au Royaume-Uni, le cas de Nigel Farage, le leader de ce nouveau parti qui est en train de transformer la vie politique britannique, l'United Kingdom Independence Party (comme si le Royaume-Uni, menacé, quasiment colonisé par les « étrangers de l'intérieur », devait reconquérir son indépendance !).

> **Les mouvances dont vous nous parlez sont toutes quand même classées plutôt à droite !**

Certes, officiellement, mais je vous signale que Pim Fortuyn, bien que classé à droite, a toujours refusé cette qualification pour lui et son parti ; il a appartenu au parti socialiste néerlandais, et a même cherché à adhérer au parti communiste ! En France, on trouve des éléments de populisme au Front de gauche. C'est ce qui le distingue du Parti communiste français qui, lui, a une idéologie claire, fondée sur la défense des intérêts du prolétariat, des ouvriers, et qui critique la société en termes de lutte des classes. Avec le Front de gauche les classes, les déterminismes sociaux et économiques se sont estompés au profit du complot généralisé des élites contre le peuple. Jean-Luc Mélenchon, qui n'a pas toujours été un populiste particulièrement dans sa période socialiste mitterrandienne, donne aujourd'hui dans le « tous pourris », et prétend parler au nom des vrais citoyens français bâillonnés par le système[1]. Le fait qu'une candidate du Front de gauche aux élections législatives de 2012 dans les Bouches-du-Rhône se présente aux municipales de 2014 à Marseille sous l'étiquette du Front national n'est d'ailleurs, selon moi, pas anodin.

**Si je vous comprends bien, il n'y aurait plus de différence essentielle entre la droite et la gauche, dès lors qu'on adhère à la logique populiste. Une telle idée n'est-elle pas excessive ?**

Je ne dis pas exactement cela, mais plutôt qu'aujourd'hui les différences idéologiques et programmatiques entre la droite et la gauche passent de plus en plus au second plan, au profit d'un nouveau centre de gravité politique qui peut emprunter des thèmes de gauche comme de droite. Ce noyau grossit de jour en jour, sans renvoyer à un programme précis, parce qu'il se nourrit d'un sentiment de frustration collective. C'est exactement ce noyau qui, à force de grandir dans l'Allemagne complexée des années 1930, a fini par permettre à Hitler d'arriver au pouvoir. Si Hitler était resté un simple représentant de l'extrême-droite allemande, il n'aurait jamais pu être élu. Il aurait pu réunir beaucoup de votants mais jamais une majorité. Pour cela il devait incarner le « vrai » peuple allemand dans son ensemble.

**Nous serions aujourd'hui en France dans la même configuration que celle des années 1930 ! Vous n'y allez pas un peu fort tout de même ? Beaucoup d'historiens ne vous suivraient pas sur cette comparaison…**

Ce n'est pas exactement la même configuration, comme nous le verrons plus tard, mais cela y ressemble terriblement. Clairement, ce nouveau centre de gravité populiste existe aujourd'hui un peu partout en Europe, alors qu'il n'était pas encore constitué il y a une dizaine d'années. Le séisme politique de 2002 qui a vu Jean-Marie Le Pen arriver au second tour de l'élection présidentielle n'est rien par rapport à la situation actuelle. À l'époque, le Front national était encore à la marge de l'échiquier politique. Le Pen avait d'ailleurs obtenu sensiblement le même nombre de voix au premier et au second tour, aux alentours de 17 % des votants.

Avec sa fille, aujourd'hui, ce n'est plus du tout pareil, et je crois que l'on n'a pas pris la mesure de cette transformation profonde. D'ailleurs, le fait de ne pas s'en rendre compte participe de ce nouveau consensus : puisque Marine Le Pen est devenue politiquement correcte, son ascension ne choque plus. Sans comparer les deux personnalités – Hitler était un véritable fou dangereux, ce qui n'est pas le cas je pense de M$^{me}$ Le Pen –, il est clair que le leader du parti nazi a pu arriver au pouvoir parce qu'il ne choquait plus, qu'il était reconnu par l'intelligentsia politique « normale ». Peut-être que Marine Le Pen n'arrivera pas au second tour à la prochaine élection présidentielle, pour des raisons circonstancielles, des questions d'alliance, de morcellement de l'électorat ; en gros, cela dépendra du nombre de candidats à gauche et à droite. Mais en tout cas, si elle y arrive, ce ne sera pas comme en 2002 : elle n'aura pas contre elle un front républicain, comme ce fut le cas avec Jacques Chirac qui fut élu avec plus de 82 % des voix, parce qu'elle est maintenant structurellement non plus à la marge, mais au cœur de l'échiquier politique. Elle peut prendre des voix un peu partout dans l'ensemble de l'électorat de droite comme de gauche.

**Je ne vois pas ce qui vous permet malgré tout de conjecturer un tel renversement « structurel » ?**

Pour comprendre ce renversement, il faut réaliser que Marine Le Pen ne se situe plus à l'extrême-droite, ni dans le fond (du point de vue idéologique), ni dans la forme (elle n'est plus marginalisée par les médias, ni par le milieu politique, ni par les électeurs). Il n'y a pas extension de l'extrême-droite, contrairement à ce que l'on peut entendre, mais au contraire, d'après moi, dissolution de l'extrême-droite. Et c'est beaucoup plus grave. Il est devenu tout à fait politiquement correct d'être proche du Front national, sans être adhérent au sens strict. Le très médiatique Robert Ménard, journaliste et ancien président de Reporters sans frontières, ne craint pas de dire sa proximité intellectuelle avec ce parti. De plus en plus de personnalités, parfois issues de la gauche, font ainsi leur *coming out*. Ce n'est pas une tendance circonscrite aux personnes âgées nostalgiques du passé et de l'ordre, bref les électeurs classiques de l'extrême-droite, puisqu'elle est désormais étendue à toutes les strates de la population : 23 % des jeunes auraient d'ailleurs l'intention de voter Marine Le Pen, suivant un sondage IFOP de 2012[2]. Regardez ce qui s'est passé aux élections législatives anticipées de Villeneuve-sur-Lot, fief de l'ancien ministre du Budget Jérôme Cahuzac, aujourd'hui considéré comme l'incarnation par excellence de la corruption du système : comme pour la présidentielle de 2002, nous avons eu un second tour entre un UMP et un FN. Sauf que cette fois, le FN n'a pas été écrasé par un front républicain, mais a réuni 46 % des votants. C'est cela la nouvelle structure du vote français (et en général européen) !

> **Que l'échiquier politique se transforme, admettons, mais je ne vous suis pas sur cette idée de « dissolution de l'extrême-droite » sur le plan idéologique… J'ai plutôt l'impression que la lutte contre l'insécurité ou l'immigration, idées classiques de l'extrême-droite, ont de plus en plus de succès.**

Tout d'abord, n'oublions pas que ces thèmes ont été aussi portés par une certaine gauche jacobine, centralisatrice, sécuritaire, colonialiste voire raciste. Jules Ferry, l'un des pères du socialisme français, qui croyait fermement à l'existence de races inférieures et supérieures, en est un exemple typique. Ensuite, je ne dis pas que ces thèmes ont disparu au Front national mais, d'une part, qu'ils sont maintenant mêlés à un ensemble plus vaste, et d'autre part qu'ils n'ont plus la même signification. Marine Le Pen se réfère certes toujours à Jeanne d'Arc, mais beaucoup moins souvent, et d'une manière différente.

> **Que voulez-vous dire ? Qu'est-ce qui a changé dans le discours du FN ?**

Le cœur du discours frontiste est maintenant avant tout anticapitaliste, anti-mondialisation, anti-finance internationale. Son nationalisme se construit sur cette base anticapitaliste, ce qui n'était pas du tout le cas de Jean-Marie Le Pen, qui avait un discours libéral économiquement, prônant la défiscalisation (rappelez-vous qu'il proposait même la suppression de l'impôt sur le revenu). Sa fille développe en revanche une sorte de « nationalisme socialiste ». C'est exactement ce type de convergence qui a porté Hitler au pouvoir.

Rappelons-nous que le nom complet du parti nazi est « Parti national-socialiste des travailleurs allemands ». L'exemple de Mussolini est encore plus criant parce qu'il venait carrément de la gauche. Mais l'anticapitalisme ne suffit pas, c'est trop impersonnel : il faut personnaliser l'origine du mal qui « nous » menace. C'est là qu'intervient l'ennemi omniprésent : c'est le Juif dans les années 1930, qui tire les ficelles en secret, dirige le monde, qui est inférieur mais, en même temps, malin, subtil, veule. Aujourd'hui, le musulman a pris la place du Juif.

Le nouveau programme de Marine Le Pen a deux volets : anticapitalisme et anti-islam. À partir de ces deux volets se déclinent son surprenant féminisme, sa défense de la liberté d'expression, sa lutte contre la souffrance des animaux (à cause de l'abattage rituel halal qui serait particulièrement cruel), et même son soutien aux homosexuels et aux juifs (en contradiction avec l'antisémitisme non dissimulé de son père).

**Mais si le rejet de l'islam est une nouveauté dans le discours frontiste, le vieil antisémitisme n'a pas pour autant disparu…**

Vous avez tout à fait raison, Jean-Marie Le Pen a d'ailleurs rendu hommage en 2012, avec le soutien de sa fille, à l'écrivain antisémite et collaborationniste Robert Brasillach. Les anciennes références ne disparaissent pas, mais elles se mêlent aux nouvelles. L'essentiel restant cette convergence surprenante entre traditionalisme et progressisme. Au même titre que les mouvements nationaux-socialistes des années 1930 qui cultivaient la nostalgie de l'Empire romain germanique en Allemagne ou de l'Empire romain antique en Italie, et à la fois l'utopie de justice sociale, le Front national mélange le culte de la tradition, de la grandeur de la France, avec la haine de la finance internationale. C'est ainsi que le FN se veut aujourd'hui le défenseur des « vraies » valeurs, à la fois traditionnelles et républicaines. Il y a cependant encore, pour ces mouvances, une certaine pudeur à converger officiellement au niveau du continent. Alors que dans les années 1930 on avait des rassemblements comme le Congrès des loisirs, grande kermesse où se côtoyaient fascistes, socialistes et communistes de tous les pays, aujourd'hui la convergence s'effectue plus à travers les réseaux sociaux grâce à Internet.

**Pourtant si l'on en croit les démographes Hervé Le Bras et Emmanuel Todd[3], le FN va, dans les années qui viennent, disparaître de lui-même !**

Oui, ils pensent tous deux qu'il va en quelque sorte mourir de vieillesse. Son succès s'expliquant par le vieillissement de la population française, lorsque cette génération aura disparu, le FN ne disposera plus de sa base électorale de vieux réactionnaires campagnards. Par ailleurs, pour Le Bras et Todd, les dirigeants du Front national sont toujours des chefs de l'extrême-droite à l'ancienne. Ces deux auteurs ne tiennent pas compte du nouveau discours, nationaliste certes, mais socialiste en même temps, qui attire de plus en plus de jeunes cultivés, urbanisés, lesquels se situaient auparavant à gauche. Il importe peu de savoir si ce nouveau discours est oui ou non un maquillage pour se fondre dans l'air du temps, ou si les nouveaux dirigeants du parti y croient ou non. Ce qui importe, c'est que les nouveaux sympathisants, eux, y croient et rejoignent pour cette raison, sans aucun complexe, les rangs du parti.

« Le populiste est devenu un acteur central du jeu politique.

**Comment expliquez-vous que Le Bras et Todd soient passés à côté de cette mutation de l'extrême-droite ?**

Attention, je ne nie pas que leur enquête soit très riche, mais ils ont à mon avis trop été obnubilés par les facteurs démographiques, sans voir que les clivages traditionnels gauche/droite étaient bouleversés. Du coup, ils tombent sur un paradoxe qu'ils ne comprennent pas, un paradoxe si étonnant pour eux qu'ils en ont baptisé leur livre *Le Mystère français*. Ce mystère est très bien résumé dans un entretien donné par Todd : « Il n'est pas normal que la gauche domine dans des régions qui s'opposèrent à la Révolution [...] et symétriquement il n'est pas normal que dans des régions de croyance en la liberté et l'égalité qui firent la Révolution française, on y vote plus à droite, y compris pour le Front national[4]. » Pourtant, tout cela n'a rien de mystérieux si l'on tient compte de cette nouvelle conjonction populiste entre des éléments de gauche et de droite, avec en toile de fond l'angoisse collective de perdre « nos » acquis sociaux et d'être envahis par des hordes d'étrangers menaçant notre « identité ». Nous ne vivons pas seulement une mutation de l'extrême-droite, mais de l'ensemble du champ politique.

**Le leader populiste est donc selon vous une nouvelle figure du théâtre politique actuel, qui transcende l'appartenance à droite ou à gauche ?**

Une nouvelle figure, mais certainement pas un figurant. Le populiste est devenu un acteur central du jeu politique. Son type idéal est le réactionnaire progressiste (lorsqu'il vient plutôt de la droite) ou le progressiste réactionnaire (lorsqu'il vient plutôt de la gauche). La vraie ligne de fracture politique aujourd'hui n'est plus entre la gauche et la droite, mais entre une mouvance populiste (qui circule à droite comme à gauche) et ceux qui résistent à cette tendance de fond.

**Si l'on suit l'historien Ian Kershaw[5] le nazisme est avant tout fondé sur les idées de Hitler, chez qui on trouve indéniablement les trois caractéristiques du populisme analysées par le philosophe Jacques Rancière[6] : appel direct au peuple ; dénonciation des élites corrompues ; rejet des étrangers (antisémitisme racial, dans son cas) et défense de l'identité nationale. D'après vous, ces trois critères se retrouvent-ils nettement dans le populisme actuel ?**

Oui, c'est évident, mais je crois que les trois points de Rancière fournissent un simple état des lieux, sans rendre compte de la dynamique implacable et originale du populisme. À mon sens, six facteurs s'enchaînent pour nourrir l'atmosphère populiste dans une société.

Premièrement, il y a une sorte de suspension du jugement et du regard critique, dans l'attente et au nom d'une Vérité à la fois évidente et cachée, qui serait l'âme du Peuple, une vérité qui nous aveuglerait tellement elle nous saute aux yeux. Ceux qui se réfèrent à cette vérité sont incritiquables, et c'est ainsi qu'émerge la figure du chef charismatique qui seul peut « nous » guider (Hitler comme Mussolini prirent d'ailleurs le titre de « guide » et non de roi, de prince ou d'empereur).

Deuxièmement, comme cette vérité est indicible (tout en étant évidente), elle est donc à géométrie variable, et permet de faire communier des réactionnaires et des progressistes, parce que chacun peut y voir quelque chose de légèrement différent, correspondant à sa sensibilité. C'est un des intérêts de la focalisation sur l'islam : certains y voient un retour du Sarrazin médiéval mettant en péril la chrétienté, d'autres au contraire une religion mettant en péril les acquis de la modernité. Tout l'art du populiste est de ne pas trop définir les choses, de rester donc dans un registre émotionnel, pour rassembler plus de monde. C'est aussi pour cela qu'il était important pour les organisateurs de la « Manif pour tous » (ce mouvement qui s'était opposé au mariage gay, dont les membres étaient censés parler au nom de « tout » le peuple) qu'interviennent des militants eux-mêmes homosexuels partageant (tout homosexuels qu'ils fussent) cette « vérité » qui dépasse les clivages.

Troisièmement, cette alliance émotionnelle contre-nature entre progressistes et traditionalistes ne peut s'opérer que parce qu'il y aurait urgence : nous serions dans une situation exceptionnelle, face à une menace imminente, incommensurable, pesant sur « notre identité ».

Quatrièmement, si les idées, les aspirations, les intérêts réels de chacun doivent rester dans le flou, en revanche la menace (à l'origine du sentiment d'urgence) doit être personnalisée, afin que le « peuple » se sente solidaire d'un combat contre des ennemis communs (ennemis à la fois intérieurs et internationaux), qui nous attaquent « nous » en particulier. C'est à cause d'eux que tout va mal. Ce que j'appelle « le mythe de l'islamisation[7] » relève de cette mise en scène d'un conflit eschatologique.

Cinquièmement, la majorité (le vrai peuple dans son ensemble) est oppressée par la minorité. Ou plutôt la majorité quantitative se considère comme minoritaire, sur le point de disparaître. Ce qui produit un renversement surprenant : les minorités, même les plus faibles objectivement, peuvent être vues comme surpuissantes et toujours plus nombreuses que ce que les apparences pourraient laisser croire. Ainsi le Juif était systématiquement assimilé dans les années 1930 au banquier surpuissant et omniprésent, alors que dans la réalité une majorité des juifs européens subissait la crise économique et pouvait être en situation de grande précarité. De même aujourd'hui, la démographe Michèle Tribalat peut écrire dans le journal *Le Monde* la chose suivante : si nombre de musulmans se trouvent dans les banlieues périphériques, c'est aussi parce que cela « améliore leur capacité de mobilisation[8] ». Ce genre de raisonnement aberrant est typiquement populiste : une faiblesse objective (vivre dans des cités-dortoirs) devient magiquement une force, une stratégie collective de « mobilisation » contre le vrai peuple (qui, lui, est faible).

Sixièmement, les ennemis ne pourraient pas réussir à « nous » anéantir s'ils n'étaient pas aidés consciemment ou inconsciemment par le « système », par ceux qui sont au pouvoir. Ces élites corrompues peuvent prendre des figures multiples : les élus, les grands patrons, les fonctionnaires, les ministres, les stars, les intellectuels, les journalistes. « Qu'ils s'en aillent tous ! » comme dirait Jean-Luc Mélenchon. D'où le fantasme d'une démocratie directe, sans élite, sans parlementaires… et puisqu'il faut bien quand même un pouvoir politique, cela nous ramène à la nécessité du guide censé communier directement avec le peuple !

# Retour aux années 1930 ?

**J'aimerais revenir sur les six facteurs du populisme que vous avez avancés, pour vérifier avec vous s'ils se retrouvent vraiment aussi bien dans les années 1930 qu'aujourd'hui. Commençons donc par le premier point, la référence à une vérité à la fois évidente et cachée.**

Il y a une sorte d'équivalence mystérieuse entre le Peuple et le Réel. Ce que le Peuple veut, ce qu'il éprouve, c'est cela le réel et rien d'autre : la Vérité avec un grand V. Le reste n'est que mensonge, maquillage, falsification, fadaises.

**N'y aurait-il pas, dès lors, une contradiction, voire une concurrence, entre ce réel populiste, simpliste, et la réalité dans toute sa complexité décrite par les sciences ?**

Effectivement. Ce réel simple, évident, qui est ressenti par le peuple permet justement d'immuniser les discours populistes contre toute critique rationnelle, par exemple contre une argumentation scientifique. Néanmoins le populiste préfère, quand il le peut, prétendre aussi s'appuyer sur la science, pour bénéficier de son prestige.

**Mais le populiste ne peut pourtant pas rejeter la science au nom du bon sens populaire et en même temps prétendre s'appuyer sur elle !**

Si, et sa méthode consiste à opposer, là aussi de façon manichéenne, la « vraie science » (qui rejoint par enchantement les intuitions du peuple) et la « fausse science » (qui n'est que désinformation). Une tribune récente du sulfureux intellectuel Robert Redeker intitulée « L'Homme nouveau ou la Société contre le peuple », publiée dans *Le Figaro*[9], est à cet égard éloquente. C'est une violente charge tous azimuts contre le mariage homosexuel, le vote des étrangers et le féminisme. La sociologie et l'anthropologie seraient en grande partie responsables de ces évolutions « sociétales » (mot devenu péjoratif chez la plupart des populistes actuels) désastreuses. Ce serait de fausses sciences qui auraient cherché à « dénaturaliser la différence naturelle des sexes, base historique et biologique du mariage ». L'horrible concept de « société », à la différence de la belle et « naturelle » idée de Peuple, aurait été tout bonnement « fabriqué dans les laboratoires des sciences humaines ». Le polémiste déplore même l'abandon de la notion de race, si *naturelle*. Je ne crois pas, très sincèrement, qu'un tel article aurait pu passer aussi facilement il y a dix ans dans un grand quotidien, qui plus est sans déclencher une quelconque polémique.

> L'idée de l'existence « indiscutable » de la notion biologique de race nous ramène en effet aux années 1930 ! Le débat lancé par la romancière Nancy Huston et le (socio)biologiste Michel Raymond, visant à réhabiliter la « réalité objective » de la race (et à nier son aspect idéologique), est à ce titre révélateur[10]… On n'avait pas lu d'articles de ce type depuis longtemps.

Je ne vous le fais pas dire. À côté de la fausse science, qui ne serait que propagande, trône la vraie science qui confirme le bon sens du peuple. Rappelons que, jusqu'au milieu du XX$^e$ siècle, les distinctions raciales ou l'inégalité entre les sexes étaient l'objet de démonstrations scientifiques communément admises. L'homosexualité était même *scientifiquement* considérée comme une maladie. Michel Foucault[11] et d'autres[12] ont bien montré comment la médecine en particulier a participé au contrôle social au XIX$^e$ siècle. Le nazisme prétendait s'appuyer sur la biologie et la physiologie, réinterprétant l'évolutionnisme darwinien (la sélection naturelle) pour justifier la plus grande pureté de ladite race aryenne par rapport au reste de l'humanité. Le nazisme était un mélange de mythologie traditionaliste et d'utopie pseudo-scientifique !

**On ne peut en effet que constater aujourd'hui un retour en force de certaines idéologies « biologistes » (la sociobiologie, la psychologie évolutionniste et même certains secteurs des neurosciences) et une suspicion corrélative vis-à-vis des sciences sociales…**

Tout à fait, même si, par rapport aux années 1930, le contexte est très différent. L'évolutionnisme biologique transposé aux sociétés humaines a été trop radicalement discrédité pour être encore politiquement correct. Aujourd'hui encore, il rappelle trop la folie sélectrice et exterminatrice, l'horreur absolue du projet de « solution finale ». Seuls quelques extrémistes osent encore y faire allusion positivement, et encore à demi-mot. En revanche, on aura une attaque ouverte contre les sciences sociales qui veulent nier les évidences biologiques dont le Peuple a l'intuition dans sa sagesse immémoriale. Le sociologue est ainsi devenu l'imposteur par excellence, puisqu'il se refuse à admettre l'existence d'un peuple naturel qui serait une sorte d'entité métaphysique, sans causes économiques ni sociales. Aujourd'hui, lorsqu'il fait référence à la science, à la rationalité, le populiste, s'il hésite à mobiliser directement la biologie, se dira en revanche cartésien sans aucune hésitation, valorisant la physique, les mathématiques qui font que deux et deux font quatre, les statistiques, les sciences dites dures qui, elles, ne mentent pas, et rejoignent le « bon sens », contrairement aux sciences sociales qui ne « servent à rien », seulement à entretenir des faux chercheurs aux frais de l'État.

**N'est-ce pas pour cela que quelqu'un comme Laurent Mucchielli est régulièrement discrédité par l'extrême-droite, son travail étant présenté comme peu sérieux et purement idéologique ?**

Oui, puisque ce sociologue s'intéresse en particulier à la violence urbaine et à ses causes économiques et sociales ! Il « nous » empêche d'être cartésiens, réalistes, de communier avec le Réel, de voir la menace incommensurable qui va de soi. Il se complairait dans l'abstraction, ce serait un négationniste du Réel, il ne serait plus en contact avec la vie du Peuple (comme d'ailleurs toutes les élites « déconnectées »).

**Mais si le sociologue démontre ce qu'il avance avec des statistiques, avec des calculs, comment réagit le populiste ?**
Tout simplement en affirmant que ce sont des « faux chiffres » qui contredisent l'évidence quotidienne, ce que « tout le monde » peut constater par soi-même. Dans mon livre *Le Mythe de l'islamisation*[13], j'ai essayé d'être le plus neutre possible. Je me suis réellement posé la question de la montée de l'islam en Europe. Les musulmans immigreraient plus, se reproduiraient plus, convertiraient plus que tous les autres. Je me suis plongé dans les données d'Eurostat pendant plus de six mois, sans préjugé, j'ai consulté et comparé toutes les sources à ma disposition, vérifié le moindre chiffre. Et je n'ai pu que constater – à vrai dire à mon grand étonnement – que ce n'était pas le cas. Dès le départ, je ne croyais pas vraiment, je dois l'avouer, à l'existence d'une volonté musulmane globale de conquérir l'Occident (il s'agit en effet d'un mythe, l'enquête n'a fait là que confirmer mon intuition). En revanche, le volet quantitatif, autrement dit l'accroissement prévisible du nombre de musulmans, me semblait probable : c'est pourquoi j'ai été très surpris de constater le contraire. Mais j'ai eu beau fournir les preuves, m'appuyer sur les statistiques les plus sérieuses disponibles, rien n'y a fait. J'ai été traité d'individu vivant sur une autre planète, ne voyant pas « la

vérité de la rue », celle que « tout le monde peut constater ». Lorsque l'on s'attaque à sa mythologie, autrement dit à la Vérité, le populiste suppose immédiatement une falsification, un intérêt secret. Mon obstination à soutenir mes analyses m'a ainsi valu de recevoir le Prix de la désinformation, décerné par le fameux Club de l'horloge, sorte de *think tank* inspirateur de l'extrême-droite depuis le milieu des années 1970. J'ai été rangé dans la catégorie de « l'islamo-gauchisme » parce qu'il importait absolument de trouver une raison idéologique inavouable à mes élucubrations. De la même manière Mucchielli, ou d'autres, peuvent fournir tous les chiffres qu'ils veulent sur les causes de la délinquance, ils ne font pas le poids face au bon sens quotidien, au Réel ! Pour le populiste, les statistiques ne deviennent des vérités « cartésiennes » que lorsqu'elles confirment ce qui « va de soi ». Dans un autre registre, Marine Le Pen affirme ne pas croire les indicateurs économiques qui montrent que l'inflation n'est en moyenne pas plus forte depuis le passage à l'euro. Pour elle, c'est sûr, l'inflation est plus forte parce que le peuple le sent dans sa vie quotidienne ! Dès lors, ceux qui tentent de critiquer cette « sensation » mentent forcément.

**Pensez-vous aux écrits de Renaud Camus, fondateur du Parti de l'in-nocence, lorsque vous évoquez ce culte du Réel ?**

Entre autres, oui. Renaud Camus était un écrivain marginalisé jusqu'aux années 2000, et il est devenu depuis quelque temps un personnage écouté, admiré, dont les livres sont désormais cités dans des articles de magazines « normaux ». Il adore construire des néologismes très parlants. Il prétend par exemple que les élites contemporaines ont la passion du « faussel », qui serait une anti-réalité, le contraire du Réel[14]. Le faussel, c'est l'idée qu'il n'y aurait pas d'islamisation de l'Occident, que le mariage homosexuel ne serait pas incompatible avec la vraie filiation. Le faussel est donc fabriqué de toutes pièces par des faussaires qui voudraient créer un faux peuple (ce que Camus appelle un « novpeuple »). Ce complot contre le Réel se retrouverait jusque dans la tentative de saboter la langue, en fabriquant une novlangue qui nierait par exemple les différences naturelles entre l'homme et la femme.

**Mais n'exagérez-vous pas l'impact du discours d'intellectuels tels que Renaud Camus ?**
L'impact direct peut-être, qui effectivement dépasse rarement un certain milieu d'écrivains et de journalistes. En revanche, cette quête du Réel, quelles que soient les interprétations que l'on en fait (à travers les sondages ou l'air du temps), se généralise dangereusement. Il y a une sorte de surenchère dans la quête du Réel. C'est en son nom que des parlementaires ont pu exprimer leur antiparlementarisme en s'opposant ouvertement à l'application de la loi sur le « mariage pour tous » une fois qu'elle avait été votée. Lorsque Élisabeth Lévy, éditorialiste et fondatrice du magazine *Causeur*, veut discréditer la gauche, elle lance que celle-ci est « contre le réel » ! On entend en écho l'opposition chère à Maurras entre « pays réel » et « pays légal ». Les lois seraient votées par de faux représentants du peuple, et ne refléteraient pas, par conséquent, le pays réel. Les leaders du « Printemps français », radicalement contre le « mariage pour tous », se veulent avant tout les représentants du pays réel.

**Ne pourrait-on vous objecter que traiter son adversaire politique de « populiste » n'est qu'une manière d'éviter de débattre sur ce qu'il propose. On ne peut pas se refuser à l'entendre seulement parce qu'il serait « populiste » !**

Oui, certainement, c'est un risque. Dans ce sens Edgar Morin a raison de dire qu'à force de mettre le mot de populisme à toutes les sauces, « il perd toute signification et empêche tout diagnostic pertinent ». C'est tout l'intérêt de notre conversation, je crois : donner à ce mot une signification précise et permettre ainsi de faire un diagnostic tout aussi précis. Nous avons vu qu'il n'est pas équivalent à la démagogie, ni équivalent à l'extrême-droite ou à l'extrême-gauche, ni même aux extrêmes tout court. Le populisme n'est pas le fait de s'intéresser aux pauvres, aux gueux, aux laissés-pour-compte, comme on le laisse penser fallacieusement. En sens inverse donc, l'antipopuliste – et je revendique le fait d'être antipopuliste ! – n'est pas l'ennemi du petit peuple, des ouvriers, des petites gens, ni des riches et des élites d'ailleurs. L'antipopuliste se refuse simplement à admettre l'existence d'une entité unique, un bloc total, qui serait « le peuple », dans lequel justement se confondraient – et disparaîtraient ! – les reliefs, les antagonismes, les intérêts multiples et contradictoires de la population. Pour répondre donc à votre question : faire usage du mot même de « populiste » pour empêcher le débat relève d'une sorte de populisme à l'envers !

**Comment cela ?**

L'antipopulisme cohérent – en tout cas celui que j'appelle de mes vœux – ne consiste surtout pas à justifier la légitimité d'une élite quelle qu'elle soit face à un peuple ignare, incapable de réfléchir. Ce type d'antipopulisme critiqué par Rancière, ou par la sociologue Annie Collovald[15], n'est pas du tout le mien, et se résume à mon sens à de l'antidémocratie… ce qui le rapproche du populisme, puisqu'il aboutit comme lui, même si c'est pour des raisons différentes, à la délégitimation des élus du peuple. L'antipopuliste ne méprise pas le peuple, bien au contraire, il se refuse à passer sous silence sa composition sociale réelle. Sacraliser soit l'Élite, soit le Peuple finit par revenir au même: remettre en cause le fonctionnement démocratique normal. Il reste une différence: l'élitisme n'aboutit pas, contrairement au populisme, à donner le pouvoir, tout le pouvoir, à un leader charismatique providentiel qui serait connecté en ligne directe avec le Réel, qui n'aurait donc besoin d'aucun contre-pouvoir, d'aucune médiation, d'aucun parlement, et pourrait même se passer de l'État de droit!

**Le deuxième ingrédient du populisme serait d'après vous la rencontre opportuniste entre les progressistes et les réactionnaires.**
Effectivement. C'est d'ailleurs aussi parce qu'il risque toujours de troubler la grand-messe des progressistes réactionnaires et des réactionnaires progressistes, en pointant du doigt les contradictions logiques et idéologiques entre eux, que le sociologue est honni par les populistes. Or, sans une telle conjonction contre-nature, les leaders populistes n'auraient aucune chance de prendre le pouvoir par les urnes. C'est ce qu'a parfaitement compris Marine Le Pen, et c'est précisément ce qui la distingue de son père. Marine Le Pen affirme que la gauche a laissé tomber le peuple, elle trouve même scandaleux qu'un gouvernement socialiste ne s'occupe pas plus des laissés-pour-compte. En

« Cette communion entre progressisme et conservatisme ne peut s'effectuer que sur l'autel d'une crise identitaire majeure.

cela, elle ne fait que s'inspirer des mouvements populistes qui traversent l'ensemble de l'Europe, dont certains comme au Danemark ont pu arriver au pouvoir avec cette même stratégie réactionnaire progressiste.

**Il faut dire qu'on a parfois l'impression que la gauche actuellement au pouvoir a réellement laissé tomber les classes populaires…**
Il est clair que la stratégie « socialiste » de Marine Le Pen est aussi payante parce qu'il existe un profond désarroi dans les classes les plus défavorisées (subissant la crise économique de plein fouet), qui se sont senties délaissées à chaque fois que la gauche s'est trouvée au pouvoir depuis l'époque mitterrandienne.

**Pouvez-vous donner un exemple précis qui montre cette volonté stratégique de la leadeuse frontiste de se situer sur un plan progressiste et réactionnaire ?**
Ne trouvez-vous pas bizarre que Marine Le Pen se soit formellement refusée à donner la moindre directive ou incitation à participer à la « Manif pour tous » portant les idées de défense de la famille traditionnelle, et qu'elle ne s'y soit pas rendue elle-même ? Ce qui a d'ailleurs un peu décontenancé son père. Mais, en même temps, elle a précisé qu'elle partageait les préoccupations des manifestants, et laissait chacun faire ses choix au sein du parti. C'est quand même franchement nouveau une telle attitude. C'est même incompréhensible, si l'on ne réalise pas qu'elle tient à préserver son image progressiste, sociale, ne pas s'aliéner ses nouveaux électeurs issus de la gauche. N'oublions pas qu'elle défend maintenant la liberté des choix sexuels, la liberté de vivre son homosexualité, le féminisme, face à l'islam qui serait homophobe et réfractaire à la liberté des femmes.

**Pourquoi revenez-vous si souvent sur le Front national, alors que vous dites, par ailleurs, que le populisme touche l'ensemble du monde politique ?**

Ce n'est pas tant parce que le Front national serait plus populiste que d'autres formations de droite ou de gauche, mais parce que c'est un cas d'école : il révèle un changement radical de discours et de stratégie, qui ne me semble pas du tout le fait du hasard. Je crois qu'il résulte d'un diagnostic précis de l'état de l'opinion et de la nécessité de devenir « réactionnaire progressiste » pour prendre le pouvoir. Je vous rappelle que Florian Philippot, qui vient de la gauche chevènementiste et qui est aujourd'hui vice-président du FN, est avant tout un spécialiste de l'analyse de « l'opinion », lui qui a fait ses classes à la SOFRES (et dont le frère est directeur d'études à l'IFOP). Or, c'est précisément lui qui est responsable de la réorientation idéologique du parti vers les questions sociales d'une part, et vers la lutte contre l'islamisation d'autre part.

**Ce mélange systématique d'idéologies de droite et de gauche semble également nous ramener dans les années 1930, non ?**

Oui, dans les propos actuels des responsables du FN, on croirait parfois entendre Mussolini ou Hitler en appeler au retour à la grandeur de la nation, à son indépendance, et prôner la lutte contre le pouvoir de l'argent et l'inégalité sociale. Un groupuscule radical comme Troisième Voie est lui aussi axé sur la défense des bons Français de souche, ainsi que sur la préservation de l'État-providence contre l'impérialisme des grandes multinationales. D'après vous, dans quel événement récent figurait le slogan « L'impérialisme, c'est la guerre, les peuples veulent la paix » ? Un mouvement pacifiste ? Tiers-mondiste ? Anticapitaliste ? Rien de tout cela, il s'agissait de la manifestation annuelle des « droites » (en réalité des droites radicales) en hommage à Jeanne d'Arc qui s'est déroulée le 12 mai 2013. Ce mélange est un mécanisme général du populisme. Ainsi, dans les années 1880 en France, il existait aussi une telle atmosphère, au sortir du conflit franco-prussien de Sedan en 1870 durant lequel ont été perdues l'Alsace et la Lorraine. À ce moment-là émerge la figure providentielle du général Boulanger qui fait littéralement vaciller la IIIe République, soutenu par un électorat allant du prolétariat aux bourgeois conservateurs. Maurice Barrès dira que son programme importe peu en lui-même, ce qui compte c'est que Boulanger « sente » comme la nation ! Bref, selon lui, il personnifie le peuple. Il en est de même pour les fameux *caudillos* en Amérique latine, chefs providentiels tels que Vargas au Brésil, Perón en Argentine, et même plus récemment Chávez au Venezuela. Difficile de dire s'ils sont progressistes ou réactionnaires, parce qu'ils sont les deux à la fois. Le programme importe moins que le sentiment de confiance qu'ils inspirent, parce qu'ils seraient seuls capables de « nous » défendre contre un péril gigantesque.

> **Nous touchons là au troisième point, celui de la cause d'une telle alliance entre des sensibilités politiques théoriquement aux antipodes ?**

Oui, cette communion entre progressisme et conservatisme ne peut s'effectuer que sur l'autel d'une crise identitaire majeure.

> **Vous ne croyez pas que les crises dites identitaires se résument finalement à des crises économiques ?**

Non, j'insiste, une crise économique n'est pas suffisante. Dans les années 1930 l'ensemble de l'Europe – et même les États-Unis à la suite de la crise de

1929 – a sombré dans la crise économique, mais c'est seulement dans certains pays que des leaders providentiels populistes sont arrivés au pouvoir, en Italie, en Allemagne, en Espagne. La France a connu certes un essor des ligues qui contestaient le parlementarisme (avec la révolution manquée du 6 février 1934). Deux formations authentiquement fascistes ont même vu le jour : celle de l'ancien communiste Jacques Doriot (un progressiste réactionnaire typique), avec son Parti populaire français, créé en 1936, qui deviendra sous l'Occupation le principal parti de la collaboration ; et celle du syndicaliste Henri Dorgères et ses « chemises vertes », un mouvement fondé en 1935, défendant l'idée d'un État autoritaire et corporatiste. Mais ces gens-là ne sont pas arrivés au pouvoir par les urnes. Les pleins pouvoirs accordés à Pétain, dont résulte le régime de Vichy, furent, rappelons-le, contraints : ils n'émanaient pas d'une volonté démocratique. Le cas fut très différent en Allemagne, où Hitler accéda au pouvoir soutenu par une vraie majorité de la population.

**Il faut donc que vous nous expliquiez ce qui pouvait bien distinguer la France et l'Allemagne sur le plan du récit national, au-delà des grandes difficultés économiques des deux pays.**

Un passage de la célèbre épopée littéraire de Tolstoï *Guerre et Paix* nous donne un élément de réponse. Lorsque le tsar apprend que Napoléon vient de pénétrer dans Berlin et qu'il se rapproche par conséquent dangereusement de la Russie, sa réaction est surprenante. Sous la plume de Tolstoï, il prend cela à la légère, presque à la rigolade, et répond qu'envahir la Prusse ce n'est vraiment pas une preuve de puissance ! Cette réaction est tout à fait plausible, même si elle contraste avec l'image que l'on a aujourd'hui du monde germanique, parce que nous avons le souvenir traumatique en particulier de la guerre de 39-45. Mais il faut réaliser que le monde germanique était au XIXᵉ siècle morcelé, et avait subi des humiliations à répétition, ne serait-ce que la domination totale durant l'ère napoléonienne. Si vous lisez les *Discours à la nation allemande* du philosophe Fichte, jadis progressiste et admirateur de la Révolution française, prononcés en 1806 à Berlin en pleine occupation française de la ville, vous y trouverez les bribes du pangermanisme, cette logique identitaire qui culminera dans le racisme obsessionnel développé plus tard par Hitler dans *Mein Kampf*. Le Royaume-Uni n'a jamais été humilié ainsi par « l'étranger » et a même réussi, par des jeux d'alliance, à détruire la machine napoléonienne. Alors que pour les Allemands, la goutte qui fait déborder le vase, c'est le traité de Versailles à la suite de la défaite de 14-18, qui impose aux vaincus des conditions humiliantes, avec des amputations territoriales. Ajoutons à cela que l'Allemagne, comme l'Italie ou même l'Espagne n'ont pas d'unité territoriale, linguistique, nationale réelle, contrairement à la France ou au Royaume-Uni (les deux autres puissances majeures de l'Europe occidentale).

**Je ne comprends toujours pas, à vrai dire, comment l'on passe d'une crise économique à ce que vous appelez une « crise identitaire »…**
Une crise identitaire est une crise symbolique, qui est le résultat de blessures narcissiques éprouvées par une majorité de la population. Évidemment, la crise économique participe à une telle rupture du récit collectif, mais elle n'est pas suffisante en elle-même. C'est une crise identitaire, au sens propre, parce que l'on a le sentiment de ne plus être *identique* à ce que l'on a été, et parce que l'on n'a même plus les moyens de sauver les apparences !

**Voulez-vous dire qu'une telle blessure peut être ressentie collectivement ?**

Exactement. On voit bien que, depuis le début des années 2000, les nations européennes cherchent désespérément à rétablir leur grandeur passée sans y parvenir. Elles sont morcelées, divisées, n'arrivent pas à trouver une Constitution commune, débattent à n'en plus finir sur leurs éventuelles racines chrétiennes, et aussi sur leurs identités nationales. L'euro est un fiasco. La crise financière touche nombre d'États. Culturellement, l'idée d'exception française est un vieux rêve irréaliste. Dans les années 1980, nous faisions face à une crise économique, au chômage endémique, c'était difficile, on cherchait déjà des boucs émissaires, mais les apparences de grandeur étaient encore sauves.

**Que pensez-vous des mouvements politiques actuels qui évoquent justement la supposée « crise identitaire » des Français et affirment qu'il faut y répondre ? Cela va du FN à la Droite populaire.**

Les populistes invoquent la crise identitaire, parce qu'ils savent justement qu'ils touchent une blessure collective réelle. Ils entretiennent les fantasmes narcissiques qui l'alimentent, cultivant les illusions, les rêves de grandeur. C'est évident au Front national et à la Droite populaire. Mais on peut même retrouver cela dans une certaine gauche souverainiste, y compris au Front de gauche. Rappelons que Jean-Luc Mélenchon est contre la Banque centrale européenne, contre les institutions financières internationales, contre la mondialisation, contre l'Amérique, mais pour restaurer la place de la France, sa splendeur militaire passée, pour la remettre au centre du jeu international[16]. Il me semble d'ailleurs que si le NPA (Nouveau parti anticapitaliste), de tradition trotskiste, a été récemment marginalisé, c'est parce qu'il ne se montre pas assez souverainiste.

**Nous en venons au quatrième point, la désignation des coupables de la chute.**

Oui, il faut donner des visages particuliers au mal. Aux ennemis du vrai peuple. Le désarroi qui en devient existentiel peut alors s'accrocher à quelque chose. L'angoisse de ne plus être soi-même se traduit par la peur de se mélanger à l'autre, celui qui semble différent et qui pourtant vit parmi nous. Jadis, c'était en priorité le Juif ; aujourd'hui, c'est plutôt le musulman. Nommer sa souffrance, lui donner une circonférence (au demeurant complètement chimérique), permet de soulager un peu l'angoisse.

**En vous écoutant parler de cet ennemi intérieur, on songe au prototype de l'ennemi sous la IIIe République, en particulier au moment de l'affaire Dreyfus, où celui-ci était perçu comme Allemand, espion international, juif, et méconnaissable car caché au sein de la population française. Gérard Noiriel a bien étudié ce phénomène[17]. Quels rapprochements faites-vous avec aujourd'hui ?**

Le Juif des années 1930 peut être bolchevique ou capitaliste, en tout cas il est insaisissable et omniprésent. Déterritorialisé, faux citoyen, solidaire de tous ses frères sur la surface du globe, c'est exactement ce qu'est devenu le musulman aujourd'hui : même s'il a l'air français, il fait le jeu du Qatar et autres puissances étrangères. Richard Millet[18] affirme même que si l'on trouve des sandwichs halal dans les fast-foods, ce n'est pas un hasard, c'est parce que l'islam est au service de l'impérialisme capitaliste ! Le musulman est devenu « un principe métaphysique », qui n'est plus défini par son existence concrète, selon l'expression de Sartre pour désigner le Juif de jadis[19].

**Mais pourquoi le Juif hier et le musulman aujourd'hui ?**

Il faudrait plutôt dire : le Juif hier, et l'islam aujourd'hui. J'y reviendrai pour montrer la spécificité du populisme actuel. Retenons dans l'immédiat qu'il ne s'agit dans les deux cas que d'un point de fixation de l'angoisse collective, qui peut ensuite toucher toutes les minorités. Dans l'entre-deux-guerres, on montrait du doigt les Tziganes, nous avons aujourd'hui nos Roms. On parlait jadis du « complot judéo-maçonnique », aujourd'hui nous avons le « lobby homosexuel », qui semble contrôler le monde. L'ambiance devient paranoïde. D'ailleurs, plus que dans l'islamophobie, nous sommes dans l'islamo-paranoïa.

**Pourquoi préférez-vous utiliser le terme d'« islamo-paranoïa » plutôt que celui d'« islamophobie » ?**

La phobie est une forme de rejet, de peur, mais elle n'implique pas que l'objet de notre peur ait l'intention maligne de nous anéantir. Dans la paranoïa au contraire, il y a une intention maligne de l'ennemi. Il n'est jamais là par hasard. Il a un plan. Il complote, comme jadis le capitaine Dreyfus. De même le musulman n'est pas un vrai Français, il utilise sa nationalité française pour infiltrer notre société, pour l'islamiser. Si le Qatar achète l'équipe de football du Paris Saint-Germain, c'est pour islamiser la France et l'Europe. Si des jeunes filles se voilent, c'est pour islamiser le pays. S'il y a un regain de succès du ramadan, c'est là encore pour islamiser le pays. Si les musulmans prient dans la rue, ce n'est pas parce qu'il n'y aurait pas assez de mosquées par rapport au nombre de pratiquants, mais pour occuper le territoire. Nous sommes en guerre, nous sommes partout cernés par des ennemis qui en veulent à notre identité. Je ne dis pas d'ailleurs qu'il n'y a aucun problème avec l'islam, qu'il n'y a pas de terrorisme, mais que dans notre aveuglement angoissé nous mélangeons tout, nous ne faisons plus la différence entre un terroriste extrémiste et une mère de famille pieuse qui décide de porter le foulard. Nous nous en prenons à la mère de famille en lui interdisant d'accompagner ses enfants dans les sorties scolaires avec son foulard ou à des jeunes femmes qui se vêtent d'un voile intégral, comme s'il s'agissait d'une question de sécurité nationale.

**Nous arrivons à votre cinquième point : Ceux qui sont objectivement dominants se sentent subjectivement dominés.**
Effectivement. L'atmosphère populiste fait émerger un théâtre paranoïaque sur lequel jouent quatre acteurs. Le héros qui entend défendre notre identité, qui peut être un journaliste tel qu'Éric Zemmour, ou un homme politique tel que l'ancien membre éminent du Parti social-démocrate allemand Thilo Sarrazin, mais il peut aussi devenir Anders Breivik, l'assassin norvégien de plus de soixante-dix personnes (ce dernier, faut-il le rappeler, ayant commis ses crimes au nom de la défense de l'Occident et contre la supposée invasion musulmane). Ensuite il y a le peuple trompé, au nom duquel parle le héros. Et puis il y a bien sûr l'ennemi, jadis le Juif, aujourd'hui le djihadiste potentiel qu'est devenu tout musulman. Si l'on ne pensait pas cela, on n'emploierait pas à tout-va l'expression de « musulman modéré », qui signifie : quelqu'un qui est *complètement* musulman est forcément un dangereux forcené, un ennemi de l'Occident. C'est seulement en étant *modérément* musulman que l'on peut être acceptable ! Et enfin, nous avons le traître, l'idiot utile, c'est-à-dire les élites bien-pensantes qui ouvrent en grand les frontières de « notre » société aux

musulmans et autres communautés « menaçantes ». Dans ce système, le héros se pense comme solitaire, et le peuple trompé se voit impuissant même s'il est majoritaire. D'où les chiffres hallucinants qui affirment fallacieusement un déferlement quantitatif de musulmans, d'où l'emploi du mot « occupation » pour parler des prières de rue, comme si nous avions déjà perdu la guerre. Puisque tout est déjà perdu, seul un homme providentiel peut « nous » sauver. Mais, comme je le disais, l'islam ou le Juif ne sont que des fixations de base : une multitude de groupes seront vus comme dominants et envahissants.

**Quelles sont les autres cibles des populistes, à part les musulmans ?**

Une autre cible récurrente est celle des homosexuels. Un député comme Hervé Mariton pourra s'exprimer ainsi à propos du « mariage pour tous » : « Nous ne sommes pas les puissants, mais c'est toujours David contre Goliath. Nous aimons tous les enfants de France, mais notre cause sera entendue et notre cause gagnera.[20] » Autrement dit : Même si nous sommes en théorie les plus nombreux, et que nous sommes le vrai peuple, en réalité nous sommes faibles, parce que nous sommes trahis, attaqués par une force illégitime qui nous dépasse, nous submerge, nous souille.
Car le mythe de l'islamisation de l'Europe n'est que le noyau : les femmes, les homosexuels, les Juifs, les Roms et même les jeunes peuvent devenir des cibles. En ce qui concerne les jeunes, un attirail législatif s'est mis en place dès 2002. Selon le sociologue Nicolas Bourgoin[21], en dix ans pas moins de huit lois se sont succédées, tendant à durcir le droit pénal des mineurs pour l'aligner sur celui des adultes. Et ce, bien que toutes les enquêtes de délinquance montrent une baisse tendancielle de la fréquence des

infractions commises par des mineurs depuis le début des années 1990[22]… Ce contraste s'explique par l'idée fixe selon laquelle le peuple est aussi cerné par les jeunes des cités, ces dangereux « sauvageons » dont la presse fait ses choux gras – des barbares de l'intérieur. Je tiens à souligner, du reste, que les jeunes délinquants des cités ne sont en général pas musulmans. C'est même pour lutter contre la tentation de tomber dans la délinquance qu'un certain nombre d'entre eux choisissent l'islam. Pourtant, la représentation aujourd'hui commune du « sauvageon » des cités est la synthèse paradoxale entre le drogué dealer et le terroriste djihadiste.

**Le populisme se fonde donc sur l'idée d'une guerre nécessaire contre des minorités menaçantes ?**
En fait, selon cette logique délirante, nous aurions même déjà perdu le combat. Les populistes se présentent comme des héros tragiques ou éventuellement des résistants. Le site Riposte laïque, obsédé par l'islamisation de l'Europe, a pour slogan : « Entrez en résistance ! » Vous parliez de Dreyfus, supposé être un suppôt de l'ennemi allemand ; de même, le musulman est devenu une sorte d'Allemand de substitution, un occupant. Sur tous les sites populistes, l'occupation en 2012 de la mosquée de Poitiers en construction par des militants de Génération identitaire est présentée comme un acte de résistance à l'ennemi, qui rappellerait, d'après la « Tribune libre de Paysan Savoyard », « la manifestation d'étudiants place de l'Étoile le 11 novembre 1940 à Paris, considérée comme le premier acte de résistance à l'occupation allemande »[23]. Dans le même esprit, la lutte contre le « mariage pour tous » n'est pas vue comme un simple combat politique mais comme une guerre.

Le militant chahuteur arrêté lors d'une manifestation sera présenté comme un résistant (on trouve cela par exemple sur le site du Parti chrétien-démocrate de Christine Boutin), et même comme un « prisonnier politique »[24]. Le site Boulevard Voltaire va jusqu'à dénoncer tous azimuts la « dictature des minorités », économiques, ethniques, sexuelles, intellectuelles… autant d'ennemis du peuple !

**Parmi ces minorités, il y a les élites qui sont à l'origine de la corruption du système. C'est le sixième et dernier point.**

Les intellectuels, les parlementaires, les journalistes, les hommes politiques en général, les hommes d'affaires en vue, bref toutes les structures intermédiaires, les gens de pouvoir, sont des traîtres, consciemment ou inconsciemment. Dans le théâtre populiste, soit ils se débrouillent pour se ranger du côté du héros, soit ils sont relégués au rang de traîtres, de prévaricateurs, d'hommes corrompus par l'argent. Dans les années 1930, la république de Weimar est tombée parce que Hitler dénonçait la corruption du régime et de ses élites. On trouve cette même suspicion aujourd'hui. Les comptes suisses de Cahuzac sont immédiatement devenus l'expression de la corruption du système, de l'ensemble du monde politique qu'il faudrait purifier, au point que François Hollande lui-même propose un référendum sur la moralisation de la vie publique.

**Il faut quand même avouer que pour un ministre du Budget champion de la lutte contre l'évasion fiscale, c'était un peu gros ! Pensez-vous pour autant que les politiques sont objectivement plus corrompus, qu'aujourd'hui les liens sont plus forts qu'avant entre la politique et le monde de l'argent ?**

Non, je ne crois pas. Les hommes de pouvoir ont toujours eu tendance à en abuser. Penser qu'aujourd'hui est plus « pourri » qu'hier est une attitude typiquement populiste. Pensons au scandale massif des « chéquards » en 1888, ces journalistes et parlementaires qui se firent acheter pour cacher les retards, les défaillances et les détournements de fonds dans la construction du canal de Panama. Pensons aussi à l'affaire Stavisky (janvier 1934), du nom de ce banquier qui organisa une escroquerie à grande échelle (selon la logique dite du « système de Ponzi »), et dont la mort dans des circonstances mystérieuses et le scandale qui en suivit déclenchèrent une crise antiparlementaire et les émeutes du 6 février 1934.

Ce n'est pas une raison, bien entendu, pour accepter les malversations actuelles ; il faut sévir, bien au contraire. Mais les déclamations outrées sur la corruption générale du système ne changent rien, et, d'ailleurs, nombre de ceux qui criaient hier au scandale sont impliqués aujourd'hui dans des affaires, tout redresseurs de torts qu'ils sont.

En réalité, contrairement à ce qu'affirme le sens commun, le système actuel tolère justement moins que jadis les liens entre politique et argent. C'est pareil pour la pédophilie : parce qu'elle n'est plus tolérée aujourd'hui, parce qu'on ferme moins les yeux, on a le sentiment que les affaires se multiplient. Il y a une moindre tolérance sociale pour ce genre de pratiques.

Je vous donne un exemple personnel : mon propre grand-père, député de l'Ardèche, en pleine période gaullienne et pompidolienne, recevait comme tous les autres parlementaires un treizième mois en liquide des mains mêmes d'un questeur de l'Assemblée nationale. Personne n'y trouvait à redire ! Un parlementaire ou un ministre pouvait sans aucune difficulté faire « sauter » n'importe quelle contravention ; ce n'est plus le cas aujourd'hui. Il y a encore quelques années, les Premiers ministres disposaient de plusieurs millions de fonds secrets dont ils pouvaient faire un usage personnel sans que personne puisse contrôler quoi que ce soit, et cela le plus légitimement du monde. Les membres des cabinets ministériels pouvaient être payés en liquide sans aucun contrôle. Ce n'est plus le cas. Je pourrais ajouter d'autres exemples.

**N'y aurait-il pas une corruption à plus grande échelle aujourd'hui ?**
Effectivement, je ne le nie pas. Mais Cahuzac et son compte suisse, la gigantesque escroquerie financière de Bernard Madoff à Wall Street, la fraude du trader français Jérôme Kerviel, ne sont pas dus à une plus grande corruption du système : ces cas sont rendus possibles, simplement, grâce à la globalisation. C'est ce qui explique ce changement d'échelle. Mais le populiste va tout mettre dans le même sac, la délinquance financière et l'idée selon laquelle les fonctionnaires seraient excessivement payés par un système corrompu. En France, sous la III<sup>e</sup> République et en Allemagne, sous la république de Weimar dans les années 1930, la cible était surtout les parlementaires, aujourd'hui ce sont plutôt les fonctionnaires. On voit même certains députés, pour se dédouaner de faire partie de l'élite, répéter à l'envi comme une preuve de pureté qu'ils n'ont pas fait l'ENA, qu'ils ne viennent pas de la fonction publique, qu'ils sont par conséquent connectés au peuple. Quand de plus en plus de politiques prétendent ne pas être vraiment des politiques, c'est le signe que nous sommes immergés dans une atmosphère populiste.

# Le populisme liquide

**Vous n'êtes quand même pas en train de nous dire que la Vᵉ République et les autres régimes démocratiques européens vont s'effondrer comme la république de Weimar dans l'Allemagne des années 1930 ?**

Non, ce ne sera pas un effondrement. Il me paraît improbable que nous assistions à des prises de pouvoir soudaines, et à la mise en place de dictatures. Je crois plutôt que nous risquons une dissolution ou une liquéfaction progressive de l'État de droit qui, d'ailleurs, a déjà commencé. L'ambiance populiste actuelle agit comme un acide qui dissout ce qui est constitutif de nos démocraties, autrement dit les constitutions qui protègent théoriquement les libertés fondamentales, et ce quelles que soient les majorités, les référendums, les pressions de l'opinion.

**Cette ambiance dissolvante, n'est-ce pas ce que vous appelez « le populisme liquide » ?**

En effet. Ce que je nomme le populisme liquide se caractérise par cinq différences essentielles par rapport aux années 1930. Tout d'abord la définition du « vrai peuple » n'est plus fondée sur la race, avec une référence biologique, mais sur la notion plus volatile de culture. Cette nouvelle focalisation sur la culture – ce sera la deuxième différence – est adaptée à la société de consommation actuelle dans laquelle circulent des opinions, des désirs, des modes, à grande vitesse, sans stabilité idéologique. De sorte que non seulement la définition du vrai peuple est variable, mais les héros, les traîtres et les ennemis se substituent les uns aux autres à grande vitesse. Par exemple, malgré la désignation de l'ennemi fondamental musulman, il peut y avoir aussi parfois glissement antisémite, homophobe, ou autre. Ce qui reste toujours, c'est le sentiment d'être *culturellement* cerné, sentiment qui peut se fixer et se détacher très rapidement de n'importe quel objet. C'est pourquoi le traître par excellence reste toujours le multiculturaliste. Aujourd'hui, le mot de « multiculturalisme » est même devenu péjoratif ! Troisièmement, la convergence entre le progressisme et le conservatisme ne touche plus seulement des partis spécifiquement populistes, mais l'ensemble des milieux politiques, et à l'échelle européenne. Ce qui nous conduit à la quatrième différence : il n'y a plus comme dans les années 1930 une crise de certaines nations européennes par rapport à d'autres, l'Allemagne par rapport à la France par exemple, mais une crise de l'ensemble de l'Europe. Enfin, la dernière différence, et non la moindre, est le fait que les sociétés européennes sont soumises à des contraintes internationales économiques, politiques, juridiques, militaires, qui ne leur permettraient plus de s'engager seules contre le monde, comme ce fut le cas des forces de l'Axe dans les années 1930.

> **On ne peut que se réjouir que l'Europe et ses leaders populistes n'aient plus ni les moyens, ni la stabilité idéologiques pour mettre en place une politique d'extermination, ou pour commencer la troisième guerre mondiale…**

Bien sûr. Mais sans arriver à de telles extrémités, il y a néanmoins une sorte de corrosion de l'État de droit, insidieuse, parce que les ingrédients essentiels du populisme sont réunis, en particulier le sentiment d'urgence. C'est comme si la maison brûlait, que nous étions cernés, et l'on peut donc tout se permettre pour sauver ce qui peut encore l'être, y compris remettre en causes les libertés publiques. Ce n'est qu'une contre-attaque, une réaction de défense puisque nous serions attaqués les premiers.

**Quels sont les éléments qui vous permettent d'affirmer que les Français se sentent menacés par de dangereuses minorités, un diagnostic tout de même très grave et surprenant tellement le sentiment en question est irréaliste ?**

Un sondage IPSOS commandé par *Le Monde* et le CEVIPOF[25] début 2013 synthétise assez bien, il me semble, la situation. L'écrasante majorité des personnes interrogées ont le sentiment que la France a perdu sa place économique (90 % des personnes interrogées) et son rayonnement culturel (63 %). Jusque-là, c'est un simple constat, assez réaliste du reste ! Mais, par ailleurs, 51 % d'entre elles pensent que ce déclin est inéluctable. Autrement dit, on ne peut rien faire, tout est déjà perdu ! Il ne nous resterait plus qu'à nous retrancher chez nous (pour 56 % la France doit se protéger et surtout ne pas s'ouvrir au monde, et pour 61 % la mondialisation est forcément une menace). Mais les sondés franchissent un pas supplémentaire, en tombant dans le « tous pourris ». En effet, les élites politiques sont perçues comme corrompues pour 62 % des personnes interrogées ; pour plus de 70 % d'entre elles, les journalistes sont coupés du réel et, par ailleurs, aussi pourris que les politiques ; sachant que la démocratie ne fonctionne tout bonnement plus pour 72 % qui estiment que leurs idées ne sont pas représentées (c'est la dose d'antiparlementarisme). Si 72 % trouvent bien de gagner beaucoup d'argent (on les comprend), en revanche cela n'empêche pas que 82 % estiment, paradoxalement, que l'argent a corrompu les « valeurs traditionnelles ». En tout cas, on ne se sent plus chez soi pour 62 % des personnes interrogées, probablement parce qu'il y aurait trop d'étrangers (puisque c'est ce que 70 % croient). On approche de la personnalisation du mal, qui permet de donner un nom au malaise, un sens visible au sentiment de déclin : l'islam ! Même si on ne voit pas le lien avec le problème essentiel qui est le déclassement de la France sur la scène mondiale…

**On en arrive à la mise en scène paranoïaque de la réalité que vous nous avez décrite précédemment !**
Exactement, puisque non seulement les musulmans seraient en soi intolérants (ce que pensent 74 % des individus interrogés), mais encore ils chercheraient à imposer leur mode de fonctionnement à notre société (ce que pensent 80 % des personnes). Ils ont un plan : la guerre culturelle. Ils ne font pas le ramadan par hasard, par habitude ou pour des raisons spirituelles, mais par désir de détruire notre culture. Enfin le pire du sondage, qui clôt le tableau, c'est que 87 % affirment que nous avons besoin d'un « vrai chef » pour remettre de l'ordre. Au-delà des différences d'âge ou de sensibilité politique, le seul espoir serait donc cet homme fort !

**C'est certes effrayant, mais vous pensez vraiment que l'on peut faire confiance à des sondages ?**
Non, vous avez raison, les questions sont un peu biaisées parce qu'elles conditionnent en grande partie les réponses. Mais tout de même, les pourcentages sont tellement élevés que cela donne une indication. Et puis d'autres sondages réalisés en France, en Belgique, en Suisse, au Royaume-Uni, en Allemagne, confirment cette tendance. Je peux vous donner un exemple plus empirique. À l'automne 2012, le Collectif contre l'islamophobie en France, association reconnue internationalement qui cherche simplement à aider juridiquement les victimes d'actes islamophobes, a lancé une campagne d'information. Il y avait en particulier des

affiches, dont l'une représentait de manière stylisée *Le Serment du Jeu de paume* (1791), ce célèbre tableau de Jacques-Louis David qui dépeint un des moments fondateurs de la Révolution française, et qui symbolise par excellence la nation. Le principe de cette affiche consistait à remplacer certains personnages du tableau par des figures actuelles et emblématiques de la diversité : des musulmans, Juifs, Arabes, Noirs, blonds, catholiques, rastas, etc. L'intitulé était « Nous sommes la nation » et même, dans certains cas : « Nous aussi, nous sommes la nation. » Ce qui signifiait en gros : « N'ayez pas peur, nous ne sommes pas contre vous, mais avec vous ! Nous nous sentons français, partie prenante du contrat social, tout musulmans que nous sommes. » Si nous n'étions pas immergés dans un théâtre paranoïaque, cette campagne aurait sans doute fonctionné, elle aurait été plutôt rassurante. Mais à la grande surprise des organisateurs, ce fut immédiatement le scandale. Les affiches ont même été interdites par la RATP, avant même d'être placardées.

**Comment ce message, plutôt bon enfant du reste, a-t-il été reçu dans l'opinion ?**

Le message a été reçu en sens inverse. Je suis tombé par hasard, sur RTL, sur une émission animée par Marc-Olivier Fogiel qui m'a beaucoup surpris. Sur les quatre ou cinq invités qui discutaient de cet événement, aucun n'a émis l'hypothèse qu'il visait peut-être juste à montrer que la diversité culturelle n'est pas un danger. Les commentaires des invités étaient plutôt : « Cette fois, vraiment ils exagèrent, ils veulent même nous prendre la nation en s'appropriant nos symboles. » Il faut vraiment se croire encerclé par des ennemis vicieux pour être *a priori* persuadé, jusqu'à l'aveuglement, que cette campagne de publicité n'ait pas pu avoir d'autre but que la provocation au mieux, la guerre culturelle au pire.

**Ce que vous dites me fait effectivement penser à la déclaration très choquante de Jean-François Copé, lors d'un meeting à Draguignan (octobre 2012) et au tweet qu'il a envoyé à la suite : « Il est des quartiers où les enfants ne peuvent pas manger leur pain au chocolat car c'est le ramadan. » Étonnamment, il n'y a pas eu beaucoup d'indignation dans l'opinion devant de tels propos...**

Ce n'est pas étonnant, parce que, dans la perception paranoïaque actuelle, l'ennemi fondamental ne nous laisse pas de répit. Aucune de ses habitudes de vie n'est anodine, il cherche toujours à s'imposer. Nous sommes en plein délire narcissique, comme si « l'autre » avait toujours en tête de « nous » viser.

**On vous suit sur la paranoïa anti-islam actuelle, mais je ne vois toujours pas en quoi la dissolution de l'État de droit serait d'ores et déjà en cours !**

Alors je vais être plus précis. En mars 2004 est votée une loi qui interdit tout signe ostensible religieux à l'école, et qui vise en réalité à éradiquer la présence du foulard musulman dans les collèges et lycées. On nous dit alors que la mesure peut certes sembler un peu rude, mais qu'il faut bien protéger ces jeunes mineures contre l'éventuelle pression de la famille et du quartier. Admettons. Six ans plus tard, on concocte une nouvelle loi pour interdire cette fois de se couvrir le visage dans tout l'espace public, en réalité pour éradiquer la présence du voile dit intégral, porté à l'époque par quelques centaines de femmes. Il ne s'agit plus évidemment de mineures, et l'on constate qu'elles sont pour la plupart consentantes. Alors on justifiera cette nouvelle mesure privative de liberté par la nécessité d'identifier tout un chacun dans la rue. Admettons encore. Aujourd'hui, on nous dit qu'il faudrait interdire le simple foulard pour les employées des crèches même privées, parce que ces femmes sont en contact avec des enfants. Dans le même sens, le Sénat, à majorité socialiste je le rappelle, a voté une loi étendant la neutralité aux nounous, même lorsqu'elles sont à leur domicile pour garder des enfants. Elles ne pourraient plus cuisiner halal ou exposer les enfants à la vue d'un symbole religieux pendu au mur, de peur que ces petits soient contaminés par la culture musulmane ! Au passage, et même si ces mesures visent les musulmans, cela impliquait qu'une nounou catholique ne pourrait pas non plus accrocher une croix dans son propre salon… Une telle loi me semble problématique à bien des égards. Enfin, le Gouvernement songe très sérieusement à interdire le simple foulard à l'université et dans les entreprises. Pourtant, dans ce cas, il ne s'agit pas de protéger des mineurs et il ne s'agit pas non plus d'identification puisque le simple foulard ne masque pas le visage. De quoi s'agit-il vraiment alors ? Je ne vois pas quelle autre justification on peut trouver, à part celle de se croire assailli.

**Pour justifier de telles lois, certains évoquent la tradition française de laïcité. Que leur répondez-vous ?**

C'est un contresens historique flagrant. La laïcité comprend d'un côté la séparation des Églises et de l'État, et de l'autre la neutralité des représentants des pouvoirs publics. Mais c'est bien la neutralité des représentants des pouvoirs publics, et non pas des publics. Si les agents de l'État doivent rester neutres (contrairement au Royaume-Uni par exemple où un policier peut porter un turban sikh), c'est justement pour préserver la libre expression des publics, garantir qu'ils ne seront pas influencés par l'agent en question, non pas pour les brider ! Depuis 2003, la notion de neutralité est complètement manipulée. Ce n'est plus de la neutralité, mais de la neutralisation.

**« Depuis 2003 », dites-vous ? Pourquoi cette date, précisément ?**
C'est l'année où François Baroin a rendu au Premier ministre de l'époque, Jean-Pierre Raffarin, un rapport dans lequel est évoquée l'idée d'une « nouvelle laïcité », qui pourrait éventuellement entrer en contradiction avec les droits de l'homme. Mais dans ce cas, il faudrait alors, précise le rapport, choisir la laïcité et ne pas s'embarrasser avec les droits de l'homme. Ce qui est une absurdité historique, la laïcité étant un produit direct des droits de l'homme, en l'occurrence le droit d'exprimer ses convictions religieuses ou non religieuses. Mais tout est dit, et ce programme sera mis en place dès la loi sur l'interdiction des signes religieux à l'école, au nom d'une soi-disant neutralité, dont le sens est renversé. Et aujourd'hui, le président François Hollande dit même que, finalement, la neutralité ne peut plus s'arrêter à l'espace public, mais doit pénétrer les espaces privés (il pensait aux entreprises, j'imagine). La seule limite où serait encore préservée la liberté d'expression de ses convictions religieuses serait l'espace de « l'intimité » (c'est le mot qu'il a employé), autrement dit devant sa glace, tout seul dans sa salle de bains ! Pourtant, dans l'État de droit, l'espace public n'a jamais été un espace de neutralité, mais au contraire le lieu où l'individu peut exprimer ses convictions, y compris religieuses.

**Est-ce que c'est cette situation que vous avez nommée, dans des interviews récents, la « laïcité d'exception » ?**

Oui, parce qu'il ne s'agit pas d'étendre la laïcité, mais de la restreindre au contraire, de limiter la liberté d'expression des citoyens. Ce processus de diminution des libertés n'est compréhensible que par rapport à l'angoisse collective d'être attaqué. Nous serions en guerre, et dans ce cas-là, il ne s'agit pas de faire dans la dentelle, au diable les droits de l'homme ! Comme il y a des tribunaux d'exception en temps de guerre pour rendre une justice sommaire dans le feu de l'action, nous serions dans la nécessité d'imposer une laïcité d'exception, laquelle ne doit plus s'embarrasser des libertés fondamentales (dont elle est pourtant le produit historique !)... Et il n'y a pas que la France. En Suisse, il n'existe pas la laïcité à la française, mais on ne peut plus construire de minarets, et en Allemagne la chancelière Angela Merkel évoque la possibilité d'interdire la construction de minarets qui dépasseraient les toits des églises. Bien sûr, je force un peu le trait, car nous sommes dans un espace public fluide dans lequel des forces s'opposent à la laïcité d'exception, y compris au sommet de l'État ou chez les magistrats.

**Vous pensez à la décision de la Cour de cassation dans l'affaire de la crèche Baby Loup (mars 2013) ?**

Exactement. La Cour de cassation s'est contentée de dire qu'il n'est pas conforme au droit qu'une employée de crèche associative soit mise à pied sous prétexte qu'elle porte un voile. Et immédiatement, on crie au scandale. Les juges deviennent des traîtres. Le jour même du jugement, Manuel Valls, ministre de l'Intérieur, sort de sa réserve lors d'une prise de parole à l'Assemblée nationale, pour dire que c'est un jour sombre et qu'il faudra imposer quand même la laïcité, car celle-ci est « mise en cause » dans un tel jugement. Il me semble inacceptable, quand on est ministre, de parler ainsi de la plus haute instance judiciaire française. Mais même si certains résistent – ceux qui passent dans la catégorie des traîtres, tout juges qu'ils puissent être –, d'autres se font héros.

**Avez-vous des exemples en tête de ces nouveaux héros populistes?**
Je veux dire par là que de plus en plus de gens se prennent pour des héros, en surinterprétant la loi à leur guise. Le cas de Sirine, cette collégienne de Villiers-sur-Marne, exclue de sa classe en décembre 2012 parce qu'elle portait un bandeau frontal, d'une largeur de dix centimètres selon la police, ainsi qu'une longue jupe[26], est caractéristique. On lui a reproché de contourner la loi sur l'interdiction des signes religieux. Le proviseur s'est permis de l'exclure au nom de l'esprit de la loi; non pas au nom de la laïcité juridique donc, mais au nom de l'âme de la laïcité, par mesure de protection culturelle si l'on veut. Ce type de dérives, très préoccupantes à mon avis, est de plus en plus fréquent.

**On ne peut pas cependant nier l'existence de petits groupes islamistes. Comment empêcher l'amalgame avec les pratiques habituelles de l'islam?**
Il faut arrêter de tout confondre. Une collégienne qui se veut pieuse, une mère de famille ou une nounou qui porte un foulard, un ouvrier qui fait le ramadan, ne sont pas des terroristes en puissance. Il faut que la loi s'applique, sans exception, strictement, que l'on ne fasse pas deux poids, deux mesures. Dans notre aveuglement angoissé, nous finissons par ne plus réussir à cibler là où il

y a vraiment risque et où il faudrait agir. Le fantasme de l'islamisation, fondé sur la croyance d'une agression culturelle générale, nous rend complètement inefficaces en réalité. Oui, il y a des individus qui se revendiquent de l'islam dans les quartiers dits populaires, et qui peuvent être dangereux. Mais en général ce sont des musulmans de la dernière heure, qui ne sont pas très pieux. Ce sont des personnes souvent très fragiles psychologiquement, comme Mohamed Merah, pour qui devenir djihadiste devient désirable justement parce que l'islam fait peur. Et ces gens-là sont manipulés par l'équivalent des populistes du côté musulman, des prédicateurs qui font appel au « vrai peuple musulman » et à ses héros. Dans le populisme liquide, la suspicion de complot culturel touche toutes les parties en présence, et peut nourrir des passages à l'acte violents de part et d'autre. Par ailleurs, le populisme liquide, s'appuyant sur la défense culturelle, permet même d'exclure autrui au nom de l'universalisme, et donc de limiter la liberté au nom de la liberté !

**Que voulez-vous dire ? Comment l'universalisme peut-il servir d'alibi à l'exclusion ? C'est a priori une contradiction dans les termes…**

Tout simplement parce que l'idée de « culture occidentale » englobe tout et son contraire. Le contenu ne compte plus, seul compte le contenant, l'idée qu'il s'agit de défendre notre culture. On peut remplir ce contenant avec ce qu'on veut : la chrétienté, la république, l'universalité proclamée en 1789, la laïcité… Dans ce contexte, la liberté n'est plus une liberté définie, il n'y a plus de laïcité juridique, d'universalité appliquée, mais un morceau fantasmé de « notre » culture qui est placé à côté du vase de Soissons, de l'héritage du Roi-Soleil, de la grandeur de la nation et de la beauté de la langue française. Dans les années 1930, l'idéologie nazie était clairement exclusive, anti-universaliste, fondée sur la race, alors que la notion fluide de « culture » est aujourd'hui extensible et rétractable à merci, en fonction des circonstances.

**Mais pourquoi est-ce l'islam plus qu'une autre religion qui se trouve être dans le collimateur ?**
De multiples facteurs expliquent la stigmatisation de l'islam, notamment le terrorisme international islamique. Mais il existe un facteur plus local : les descendants des immigrés en provenance de nos anciennes colonies, majoritairement musulmans, sont maintenant des citoyens français. Or, ces populations jadis soumises sont aujourd'hui installées, et de surcroît se rendent visibles en exprimant leur foi, parfois de façon « trop » ostensible, alors que « nous » éprouvons un sentiment de déclin. En outre, le fait que les populations d'origine turque en Allemagne, pakistanaise au Royaume-Uni, maghrébine plutôt en France, soient toutes de culture musulmane, leur confère un point commun, ce qui permet au populiste paranoïaque de leur supposer une volonté commune. Mais la raison essentielle n'est pas là.

**Quel est cet élément essentiel qui, pour les populistes, fait de l'islam la menace suprême ?**
L'essentiel, c'est que l'islam peut parfaitement jouer le rôle de l'anti-culture occidentale. Il peut d'un côté symboliser l'anti-tradition pour les conservateurs, avec l'image du Sarrazin ennemi multiséculaire de la chrétienté, et d'un autre côté

illustrer l'anti-modernité pour les progressistes, avec l'image de la misogynie, de l'homophobie, de l'intolérance qui lui seraient consubstantielles. C'est parce que cela effrite la cohérence de sa mise en scène que le populiste actuel ne peut croire qu'il existe des associations d'homosexuels musulmans ou de féministes musulmanes. Il préfère s'appuyer sur les interprétations des plus intégristes (que la majorité des musulmans n'acceptent pourtant pas!). Il n'y a pas plus pratique que l'islam pour justifier la guerre culturelle générale. Vous aurez une Caroline Fourest qui pourra le combattre en tant que féministe, une Brigitte Bardot pour défendre la dignité des animaux (qui ne serait pas respectée par l'abattage halal), certains francs-maçons pour défendre la laïcité, des chrétiens pour défendre la tradition chrétienne, Marine Le Pen pour défendre la nation.

Vous avez même des synthèses étonnantes, par exemple dans les principes de la Droite forte au sein de l'UMP qui réclame la création d'une « charte républicaine des musulmans de France »[27], que devraient signer tous les bons musulmans s'ils veulent, par exemple, pouvoir faire une demande de construction de mosquée. Ils devraient reconnaître préalablement qu'ils sont pour l'égalité homme/femme, contre la polygamie, etc. Ce qui n'est pas sain dans cette idée, c'est de suspecter les musulmans et seulement eux. De leur faire un procès d'intention, et de leur faire signer un texte à eux seuls, qui aurait valeur de loi (vous ne rêvez pas, c'est bien le courant majoritaire à l'UMP!), et nullement aux catholiques ou aux bouddhistes. C'est ce que l'on appelle une loi d'exception, on avait cela sous Vichy en direction des Juifs. Dans la même déclaration, vous pouvez lire juste après :

« La Droite forte promeut et défend la laïcité à laquelle nous tenons comme à la prunelle de nos yeux. La Droite forte promeut et défend nos modes de vie, nos traditions, notre identité qui fondent la France d'hier, d'aujourd'hui et de demain. Notre pays, c'est la France, fière de ses traditions judéo-chrétiennes, de ses racines gréco-latines. » CQFD : La laïcité n'est vraiment plus un principe juridique, mais un monument parmi d'autres de notre patrimoine.

**Il n'y aurait donc plus de racisme au sens biologique, d'après vous ? On ne stigmatiserait plus les autres par leurs supposées différences raciales ?**
Pas exactement. Dans les années 1930 le juif était visé en tant que race (s'opposant aux races des vrais Occidentaux), aujourd'hui l'islam est visé en tant que culture (s'opposant à la culture des vrais Occidentaux). La pureté culturelle s'est substituée à la pureté raciale. Une entreprise de purification raciale n'aurait plus de sens aujourd'hui, mais à la place nous avons ce que l'on pourrait appeler de la « purification culturelle » !

**Cela ne supprime pas pour autant le racisme...**
Effectivement, il y a toujours du racisme, mais celui-ci passe désormais par la culture. Dans les années 1930, on pouvait s'attaquer à la culture judaïque parce que c'était celle du Juif, de sa race. On passait d'abord par la race juive pour éventuellement s'en prendre à la culture judaïque. C'est l'inverse aujourd'hui. C'est politiquement correct de s'attaquer à l'islam en tant que culture, et cela permet quand même de dire incidemment : « Finalement ce n'est pas un hasard si en majorité les musulmans sont arabes, turcs, noirs, ou

autres. » Michel Wieviorka[28] montre très bien qu'il y a un retour de l'importance de la couleur de la peau, mais à travers une grille de lecture culturelle.

**Par ailleurs, ce nouveau racisme culturel peut même se parer de « bons sentiments »...**

Exactement. Jadis, non seulement les racistes avérés comme Céline, mais aussi un romancier beaucoup plus nuancé comme Proust, considéraient la « race juive » comme une évidence scientifique dont découlent des caractéristiques culturelles, des comportements sociaux, souvent très négativement connotés. Et personne n'y trouvait rien à redire. Aujourd'hui ce ne serait plus acceptable. Voici une anecdote intéressante (et même effrayante !). Un des principaux rédacteurs du site Internet Riposte laïque (organisation littéralement obsédée par l'islamisation du monde) signe ses articles « Pascal Hilout, né Mohamed » afin de montrer qu'il s'est libéré de l'ignoble culture musulmane dont il est issu généalogiquement. Ce n'est pourtant pas là l'essentiel, car il entend libérer aussi les autres. Ce même « Pascal Hilout, né Mohamed » représentait le site en question lors d'un procès en 2011 devant le tribunal de grande instance de Paris pour provocation à la haine et à la discrimination. J'étais témoin des plaignants (entre autres la Ligue française pour la défense des droits de l'homme et du citoyen). Il s'agissait pour moi de prouver que le site ne s'attaquait pas à la doctrine musulmane en elle-même, mais bien aux musulmans en tant que personnes. Juste après mon intervention, Hilout a soudain demandé la parole ; le président la lui a accordée ; il s'est alors précipité devant le pupitre pour lancer quelque chose comme : « Ne croyez pas que nous n'aimons pas les musulmans. Nous les aimons au contraire tellement que nous voulons les libérer de l'islam. » Et il était tout à fait sérieux. La défense culturelle peut aboutir à une sorte d'« amour vache » ! Ainsi Jean-François Copé, lui aussi plein d'amour (et d'un peu de condescendance), voulait envoyer des médiatrices dans les quartiers pour expliquer aux femmes voilées le sens des valeurs républicaines…

> **Cela fait écho à ce qu'écrivait récemment la directrice d'une école maternelle à Bondy (avril 2013) : « Si pour des raisons religieuses vous ne voulez pas que votre enfant mange de viande, je vous invite à me rencontrer car nous n'accepterons pas cette situation. Je vous rappelle que votre enfant est scolarisé à l'école de la République, et que la laïcité – qui est un des fondements de cette République – doit être respectée dans son intégralité. » Elle a retiré son message depuis…**

Oui, c'est le « pour des raisons religieuses » qui est intéressant. Ce qui est intolérable, ce n'est pas en soi de refuser de manger de la viande, mais de ne pas vouloir en manger pour des raisons religieuses, culturelles ; dans ce cas seul, on s'opposerait aux valeurs de la laïcité. Les végétariens ne sont pas concernés !

> **Ce « culturalisme occidentaliste » – qu'on peut appeler ainsi puisqu'il essentialise la culture dite occidentale, qu'il en fait une substance pure et éternelle – ne vise-t-il que l'islam ?**

Pas du tout. Comme je l'ai déjà dit, l'islam n'est qu'un point de fixation particulièrement pratique. Prenons un exemple. Jadis, même l'homosexualité était considérée comme une anomalie médicale, biologique, presque comme un signe de dégénérescence raciale. D'ailleurs Proust (encore lui !), dans son *Sodome et Gomorrhe*, qualifie les homosexuels de « race des invertis », et en déduit des caractéristiques culturelles, des comportements particuliers. Aujourd'hui de telles assertions ne seraient plus tolérables. De même que l'on dira que l'on n'en veut pas aux musulmans en tant que tels mais à l'islam, on pourra aussi dire que l'on n'en veut pas aux homosexuels en tant que tels, mais à leur *culture*, qui peut mettre en péril la « nôtre ». Dans les années 1930, les eugénistes préconisaient d'éviter le métissage biologique, alors qu'aujourd'hui les identitaires de tous poils s'érigent contre le métissage culturel. La recherche de la pureté culturelle les pousse d'ailleurs à identifier le traître absolu : le multiculturaliste !

**Revenons, si vous le voulez bien, au cas de la « Manif pour tous ». La liberté de choix sexuels faisant partie de notre culture occidentale, les manifestants anti-mariage gay ne pouvaient pas se permettre de rejeter l'homosexualité quand ils prétendent justement défendre les « valeurs occidentales » dans leur ensemble... Ils ont donc trouvé un argument culturel.**

C'est effectivement ça. Les responsables de la « Manif pour tous » rejettent ainsi toute accusation d'homophobie car, au nom de « nos » valeurs, chacun est libre de ses pratiques sexuelles. Ils disent vouloir seulement défendre un mode de filiation, un mode de vie, bref « notre » culture. Qui devinerait, en voyant le nom de l'association « Avenir de la culture », qu'il s'agit d'un réseau d'opposants catholiques au mariage homosexuel ! Comment comprendre, sans cette logique de protectionnisme culturel, le raisonnement pour le moins scabreux du député de la Droite populaire, composante de l'UMP, Philippe Cochet, lançant que le mariage entre personnes de même sexe reviendrait à « assassiner des enfants »[29] ? La raison avancée étant que cela empêcherait par ricochet la naissance d'enfants dans des familles « traditionnelles ».

Pourtant, cette loi n'enlève rien à ceux qui sont contre (ils gardent le droit de continuer à se marier comme ils le désirent), et n'autorise pas non plus ceux qui sont pour à leur imposer quoi que ce soit. Mais, pour ces militants, il faut se protéger parce qu'ils se sentent cernés par le « lobby homosexuel », qui aurait contraint François Hollande à légiférer. Heureusement, les héros veillent, comme l'ancienne ministre sarkozyste Christine Boutin, qui promet de monter une liste pour les élections européennes de 2014, laquelle visera à défendre la famille et la vie, s'affichant le plus naturellement du monde avec l'ancien apparatchik du FN Jean-Claude Martinez.

**La « Manif pour tous » semble en effet emblématique de cette défense culturelle à géométrie variable. Un doctorant en histoire[30] note une inversion des rites par rapport aux ligues traditionalistes catholiques des années 1930 : la violence est interdite, les symboles réactionnaires bannis au profit des symboles progressistes, de type bonnet phrygien, poing serré, main dessinée façon « Touche pas à mon pote », ou encore Frigide Barjot reprenant le « On lâche rien ! » du Front de gauche...**

Oui, ce qui compte c'est l'essentialisation de la culture à défendre. Des catholiques traditionalistes de Civitas côtoient des membres du GUD (Groupe union défense) faisant le salut nazi. Le « printemps français », scission de la « Manif pour tous » vers un mouvement plus radical, s'est littéralement emparé de la thématique du soulèvement révolutionnaire, de l'image des foules de la place Tahrir (événement majeur des « révolutions arabes »), jusqu'à l'action du syndicat Solidarnosc en Pologne, en passant par Gandhi qui guida la révolte contre les colons britanniques. C'est tout à fait étonnant de voir que ces groupes radicaux issus de l'extrême-droite s'approprient même des

« Dans les années 1930, le Juif était visé en tant que race ; aujourd'hui l'islam est visé en tant que culture.

symboles anticolonialistes. Les valeurs les plus hétéroclites sont mises dans le même sac culturel. Il faut juste provoquer le sentiment d'appartenance. Un phénomène semblable s'est déjà produit en 2009 avec le débat sur l'identité nationale initié par Éric Besson (sous l'égide de Nicolas Sarkozy), éphémère ministre de l'Immigration, de l'Intégration et de l'Identité nationale. Se mêlaient déjà les valeurs républicaines universalistes à celles de la nation immémoriale. Dans cette mise en scène de défense culturelle, les rôles sont fluides, interchangeables, et les ennemis d'hier peuvent devenir les alliés d'aujourd'hui. C'est aussi cela le populisme liquide.

**Pouvez-vous développer un peu ce point ? Dans quels cas les ennemis (musulmans) peuvent-ils devenir des alliés des populistes ?**
Eh bien, l'ennemi fondamental musulman va pouvoir soudain devenir un allié dans la lutte contre le mariage homosexuel. Il n'est alors plus menaçant. Catholiques, musulmans, athées contre le « mariage pour tous » vont soudain s'exprimer au nom du « vrai peuple » que l'on aurait bâillonné.

**Tout de même, la présence d'intégristes musulmans à la « Manif pour tous » n'était-elle pas un peu incohérente, alors qu'on y trouvait des groupuscules identitaires dénonçant l'islamisation de l'Europe ?**
Pas du tout. Cela prouve simplement que l'angoisse de l'islamisation n'a rien à voir avec les musulmans réels. Cette angoisse a un sens métaphysique pour un nombre de plus en plus grand d'Européens qui ne croient plus en eux-mêmes. Notre souffrance, nos déboires ont enfin une cause. Peut-être pas une puissance divine, mais au moins un vicieux musulman qui tire les ficelles derrière le rideau.

Cependant l'anti-culture (de même qu'il y avait pour l'Action française l'« anti-France » dans les années 1930) peut prendre des visages multiformes, comme le lobby homosexuel, ou d'autres. Tout le monde peut devenir, en quelque sorte, un musulman de substitution. Les ennemis sont les minorités quelles qu'elles soient. Le vrai peuple peut aussi redevenir le Blanc persécuté, et même poursuivi, par les minorités ethno-culturelles qui le poussent à fuir les banlieues de Paris, Bruxelles, Londres. Tandis que les « multiculturalistes », parfois nommés « bobos » ou « post-soixante-huitards », bref les traîtres par excellence, coulent une existence insouciante dans les centres-villes huppés, d'où ils font la loi, dominant le monde et écrasant le vrai peuple. C'est là le message du géographe Christophe Guilluy[31], un des initiateurs de la Gauche populaire (à côté de parlementaires socialistes comme Laurent Baumel), qui a inspiré Nicolas Sarkozy tout en intéressant François Hollande pendant la campagne présidentielle de 2012. Pour lui, le vrai peuple de gauche, les classes populaires blanches, équivalent des classes moyennes (les petits employés), qui représenteraient 60 % de la population, sont exclues des grandes métropoles branchées sur la mondialisation par deux groupes d'ennemis : d'un côté, les minorités ethno-culturelles des grandes périphéries urbaines ; de l'autre, les « bobos » qui tiennent les centres-villes et le pouvoir symbolique, institutionnel et économique. Ses thèses ont un franc succès à droite comme à gauche : elles sont citées par Marine Le Pen, et pourtant très prisées au sein du PS, avec de puissants relais comme la Fondation Jean-Jaurès. Le petit employé blanc méprisé, délaissé, et pourtant majoritaire, est poussé vers les petites villes de campagne. Les tenants de la Gauche populaire (au sein du PS) ont beau vouloir se distinguer des membres de la Droite populaire et de la Droite forte (au sein de l'UMP), il n'empêche qu'ils désignent plus ou moins implicitement les mêmes ennemis (les minorités ethno-culturelles des « quartiers ») et les mêmes traîtres (les « bobos » multiculturalistes des grandes métropoles).

**Oui, et d'ailleurs les intellectuels de la Gauche populaire ont fait de « l'insécurité culturelle », dont se diraient victimes ces « petits Blancs périurbains », leur principal cheval de bataille[32]... On retrouve ici le thème de la défense de la culture occidentale, dont vous parliez précédemment.**

Tout à fait. Le travail de Guilluy est au départ sérieux, très bien documenté, mais c'est son interprétation qui me semble biaisée. Pour résumer caricaturalement, les petits Blancs sans défense, oubliés du système, fuiraient devant des Noirs, des Arabes, des musulmans qui rendraient leur vie impossible dans les anciens quartiers populaires des grandes métropoles. Il y aurait là encore une guerre culturelle. On croit entendre en écho la voix de Nicolas Sarkozy souhaitant « karchériser » ces quartiers. D'ailleurs le dernier point du « Manifeste de la Gauche populaire » en appelle à une laïcité qui serait « inscrite dans le réel », ce fameux « réel » qui est l'âme du peuple, le bon sens. On aura le même genre de discours ailleurs en Europe. On a pu ainsi lire dans le *Daily Mail*, journal britannique, que depuis 2001 plus de 600 000 Blancs ont fui Londres, et que seuls 45 % des Londoniens seraient blancs aujourd'hui alors qu'ils étaient encore majoritaires au début des années 2000. On appelle ça le « White Flight » ! Ces discours alarmistes (et racistes) n'envisagent pas que si ces classes moyennes quittent ces quartiers populaires des métropoles, c'est pour améliorer leur qualité de vie dans des petites villes ou à la campagne. Ce n'est en réalité pas une fuite, pour échapper à des hordes d'étrangers de l'intérieur, mais une recherche cohérente d'amélioration de leur niveau et de leur qualité de vie… que ne peuvent pas encore se permettre, faute de moyens matériels, la majorité des populations constituant les fameuses hordes multi-ethniques, qui, elles, sont toujours clouées dans lesdits quartiers populaires des grandes métropoles.

**Ici, ne retrouve-t-on pas la peur (classique) de l'immigré de fraîche date ?**

Oui, sauf que l'immigré ne représente plus, comme dans les années 1980, le sauvage inférieur, mais une force secrète (plus forte que « nous ») qui détruit progressivement nos « valeurs », nos modes d'existence. Alors, qu'il soit rom, maghrébin ou subsaharien, l'immigré (ou l'étranger de l'intérieur en général, même s'il est français de nationalité) représente l'antithèse du « vrai peuple », la substance qui menace en permanence son intégrité, sa beauté même (les populistes jouent en effet sur la dimension esthétique). Mais ce bon peuple blanc est au fond sacrifié par ses propres (faux-)frères, les Blancs des centres-villes, qui, eux, seraient aux commandes de la mondialisation néolibérale.

Notez que cela résonne aussi, de façon certes bien plus euphémisée, avec les propos de Jean-Luc Mélenchon, qui a dit à propos du ministre de l'Économie Pierre Moscovici (mars 2013) ; « [Il] ne pense plus en français, [mais] dans la langue de la finance internationale. »[33] Pour moi, la phrase est révélatrice, car la critique porte moins sur le capitalisme en tant que système de domination, dans la vieille tradition marxiste, qu'en tant que négation de la vraie culture du peuple, en tant que langue étrangère.

**Restons encore un peu sur le terrain de la « culture ». Ce retour de la culture ne serait-il pas imputable à la fin des grandes idéologies, dans les années 1980 ?**

Je le crois. Dans les années 1930, l'Europe avait encore en tant que telle les moyens de ses prétentions hégémoniques. Quant à l'espace public, celui-ci pouvait être l'objet d'affrontements idéologiques stables. Les antagonismes politiques pouvaient s'appuyer sur des idées construites. On pouvait choisir entre le communisme et le fascisme. Les intellectuels étaient des idéologues, alors qu'aujourd'hui, ils ont été en partie remplacés par les « experts » en tout genre, comme l'a montré Enzo Traverso[34]. La politique est désormais modelée par le marketing : c'est ce que Jean Baudrillard appelle « la politique du signe[35] », qui consiste à suivre les fluctuations, les désirs présumés de l'opinion publique, et à y répondre en faisant signe.

**Pouvez-vous nous expliquer cela ?**

80 % des Français pensent, si l'on en croit les sondages, que les musulmans veulent imposer leur mode de vie ; il faut donc répondre à cette angoisse en prenant une mesure quelconque, en concoctant même une loi. L'important étant de faire signe, de se montrer préoccupé, et non de faire sens. Il y a encore vingt ans, un député qui voulait faire une loi concernant l'agriculture consultait des ingénieurs agronomes, des paysans, des professionnels des métiers agricoles ; aujourd'hui, il consulte un expert

en signes, autrement dit un spécialiste de l'opinion. Une nouvelle classe de personnalités médiatiques est apparue : les opérateurs d'opinions, ou opiniologues, qui construisent des édifices liquides, des châteaux de sable à base d'opinions hétéroclites et mouvantes, qui s'insinuent dans tous les milieux, qui sont insaisissables et ont remplacé les édifices idéologiques solides. Nous sommes dans l'ère de l'opiniologie. Du coup, le populisme n'est plus idéologique, mais opiniologique !

**Le développement sans précédent de la médiasphère n'est-il pas responsable de cette liquéfaction ?**

Le sociologue Zygmunt Bauman[36] prétend que nous sommes entrés dans une « société liquide » : nous n'avons plus d'attachements stables, nous vivons dans des réseaux fluctuants. Même l'amour serait devenu liquide selon Bauman. La médiasphère participe à cette liquéfaction, en particulier par la dissémination de l'information à travers Internet et les réseaux sociaux. Mais ce n'est pas à cause de la « société liquide » que nous vivons dans une atmosphère populiste. Aux États-Unis le marketing politique (la politique du signe), particulièrement dans les campagnes électorales, est encore plus poussé, la dissémination de l'information encore plus étourdissante, et les réseaux sont encore plus fluctuants et multiples. Mais il y a pourtant une différence assez claire entre progressistes et conservateurs. Les lobbies fondamentalistes protestants anti-musulmans existent bel et bien, mais ils sont clairement situés dans l'espace politique. Il y a en outre un respect pour la Constitution. L'Amérique n'est pas comme l'Europe plongée dans une atmosphère de défense culturelle générale.

**Pouvez-vous donner quelques exemples d'opiniologues célèbres ?**
La caractéristique essentielle de l'opiniologue populiste est de surmonter toutes les contradictions logiques par l'émotion, par le fait qu'il *sent* la vérité, étant connecté avec le sens commun. Il peut ainsi désigner des ennemis, des traîtres, et se présenter comme un héros, un lanceur d'alertes. Cela ne l'empêche pas, bien sûr, de s'appuyer sur les « faits », comme dans le livre de Laurent Obertone (c'est un pseudonyme), *La France orange mécanique*[37], devenu immédiatement un best-seller – qu'a d'ailleurs adoré Éric Zemmour (autre opiniologue majeur, orateur très doué et pourvu d'une réelle érudition historique) –, qui incrimine l'invasion des immigrés et le laxisme sécuritaire dans le développement de la délinquance. Il dénonce, invective, s'offusque, et prétend décrire le Réel pur, en racontant des situations (effectivement impressionnantes) et donnant des chiffres (par ailleurs intéressants), mais sans que l'on puisse toujours savoir où il veut en venir. Il ne s'agit pas vraiment d'être pour ou contre, mais d'être en accord au sens musical. En outre, l'opiniologue se doit avant tout d'être politiquement incorrect dans la forme, seul contre tous ; mais en réalité, sur le fond, il est toujours en phase avec les fluctuations de la mode, de l'opinion, pour lancer ses alertes.

**On imagine facilement la contradiction qui pourrait être apportée à votre raisonnement : il n'y aurait pas de délinquance en France alors ?**
Bien sûr que si. Il ne s'agit pas de cela. Je dirais même que je suis favorable à un État fort, mais qui reste un État de droit. Même si je crois que le problème de la délinquance ne peut se régler sans une politique à la fois sociale et éducative de longue haleine, je crois aussi qu'il faut agir à court terme pour assurer la sécurité immédiate.

**Que faire dans l'immédiat alors ?**

Pour moi, la sécurité des personnes doit être assurée, sans exception, sur l'ensemble du territoire de la République. Aujourd'hui, on abandonne des territoires entiers à des bandes et à des réseaux maffieux. Je serais pour des interventions fortes sans concession. Samia Ghali, la sénatrice-maire socialiste des quartiers nord de Marseille, avait proposé l'intervention de l'armée dans son secteur pour lutter contre la drogue. On avait crié au scandale. Pas moi. Si la police n'arrive pas à faire régner l'ordre, autant faire intervenir l'armée. Il vaut mieux des militaires rigoureusement entraînés, et qui obéissent strictement aux ordres, qu'une police stressée encline à la bavure, autrement dit à en faire trop ou pas assez. C'est tout de même préoccupant, par exemple, que la police soit obligée de se contenter d'observer les trafics sur la place de la Charbonnière (Paris 18e), qui, en début de soirée, se métamorphose en véritable « marché aux voleurs », comme disent les habitants du quartier !

**Vous parlez de faire intervenir l'armée... Je ne suis pas sûr qu'il soit souhaitable d'en arriver à une telle extrémité...**

Moi je n'ai aucun problème avec ça, tant qu'on ne vise pas les gens en fonction du fantasme de l'ennemi fondamental, qu'il soit musulman, noir, arabe, homosexuel, jeune, ou autre. Il s'agit seulement de démanteler des réseaux de trafiquants réellement existants. Dans notre atmosphère populiste, on laisse « pourrir » la situation, et ensuite on prend des mesures visant des « communautés » (comme on dit péjorativement lorsque l'on parle du « danger du communautarisme »), comme pour exorciser le mal. Je vous assure que quand je tiens un tel discours dans des conférences dans le 93, à Paris ou dans les quartiers nord à Marseille, les habitants applaudissent quelle que soit leur « communauté » d'appartenance, parce que ce sont les premières victimes de la délinquance. Mais au lieu d'agir réellement, sans emphase, le populiste liquide préfère s'écrier devant les caméras qu'il faudrait nettoyer au Kärcher comme Sarkozy, ou qu'il y a trop d'épiceries halal comme Manuel Valls. Encore la politique du signe qui débouche sur le totalitarisme liquide : des mesures non ciblées, inefficaces, souvent discriminatoires, qui visent à contrôler les modes de vie des personnes, plutôt que de les libérer de la violence réelle.

**Sarkozy vous semble-t-il représenter ce populisme liquide ?**
Nicolas Sarkozy a brouillé toutes les cartes, faisant référence à Blum, Jaurès, prenant des ministres de gauche dans son gouvernement, mais prétendant faire une politique de droite, se voulant strictement laïque et en même temps se présentant en défenseur de la chrétienté dans son discours de chanoine de Latran (20 décembre 2007). Il a circulé au gré des courants, incarnant l'homme qui s'exprime comme « tout le monde », sans complexes. Connecté directement à l'opinion publique, l'œil rivé sur les sondages en temps réel, il s'apitoyait sur le sort des chômeurs le matin et dînait le soir même avec les grands patrons du CAC 40 qui les avaient licenciés. C'est un réactionnaire progressiste typique. On a souvent comparé Sarkozy à Margaret Thatcher, alors qu'ils n'ont absolument rien à voir. On peut ne pas aimer la Dame de Fer, mais on sait où elle est, ce qu'elle veut. Sarkozy fut à mon avis le premier leader du populisme liquide à arriver au pouvoir en France. Dans le populisme liquide, toutes les contradictions sont possibles, pour donner naissance à des édifices opiniologiques aussi absurdes qu'éphémères. Encore une fois, une des preuves de l'atmo-

sphère populiste, c'est que personne ne rit devant de tels montages parfaitement inconsistants.

### Quels sont ces édifices inconsistants, ces châteaux de sable aux formes sans cesse renouvelées ?

L'ancien intellectuel d'extrême-droite Dominique Venner, engagé dans la lutte contre le mariage gay, laisse un dernier message où il enjoint les manifestants anti-mariage gay de ne pas oublier « la réalité de l'immigration afro-maghrébine ». Or, franchement, quel rapport y a-t-il entre ces deux éléments ? Après ce dernier message, lui, le militant issu de la droite païenne et athée, ira se suicider sur l'autel de Notre-Dame de Paris (mai 2013). Il ne s'embarrasse pas de contradictions : l'important, c'est de défendre la culture du vrai peuple, quel que soit ce que l'on met dedans. Vous avez aussi de belles combinaisons sur le site Boulevard Voltaire : sous prétexte de droits de l'homme, l'homoparentalité serait un complot du capitalisme, car la GPA (la gestation pour autrui) créerait de nouveaux marchés très lucratifs. Le même article, portant théoriquement sur le « mariage pour tous », mais qui fait aussi allusion à l'islamisation, se termine en évoquant le « remplacement de population, [la] paupérisation des classes moyennes, [la] disparition de [notre] pays qui est devenu un protectorat qui n'a plus d'armée, de justice, de budget ou de monnaie propre[38] ». Dans un autre article, le « mariage pour tous » et le salaire des grands patrons répondraient à la même logique : la dictature des minorités[39] !

### Jusqu'où peuvent aller les contradictions des édifices opiniologiques ?

Le seul élément stable est le sentiment du complot des minorités et le rejet de la mondialisation. Mais nous ne sommes plus dans les années 1930, tous les cocktails sont possibles. Prenons l'opiniologue Alain Soral, à qui il faut reconnaître beaucoup de talent et d'intelligence, qui navigue de l'extrême-gauche à l'extrême-droite : au départ opposé à l'« humoriste » Dieudonné, il deviendra par la suite son ami au point de s'engager dans la même « liste antisioniste » aux élections européennes de 2009, dont l'affiche de campagne comportait le slogan suivant : « Pour une Europe libérée de la censure du communautarisme, des spéculateurs et de l'OTAN. » Ces deux personnages s'expriment eux aussi au nom du bon sens populaire, qui sait que l'ennemi impersonnel (le marché, le capitalisme, la mondialisation) et l'ennemi personnel (le sioniste omniprésent et omnipuissant) nous guettent. Remarquez que l'antisémitisme de Dieudonné se justifie au nom de l'antisionisme. Ce qui le rend acceptable, parce que le sionisme est une culture, une culture politique plus exactement, qui peut être décriée. Il affirme même sans rire et sans faire rire (alors qu'il est tout de même humoriste) que le « mariage pour tous » est un complot sioniste. Ce n'est pas très différent du racisme anti-arabe qui se justifie aujourd'hui par la lutte contre l'islam en tant que culture. Ces différents édifices opiniologiques ont l'air de s'opposer, mais ils ne font que générer de faux antagonismes et entretenir l'atmosphère de suspicion de tous contre tous, répondant à la logique de défense d'une culture (quel que soit son contenu) et avec pour cible universelle commune le « bobo » allié de la mondialisation capitaliste, autrement dit le soixante-huitard dégénéré qui serait devenu membre d'un conseil d'administration de multinationale.

**Frigide Barjot incarne-t-elle aussi un type de leader populiste liquide ? Et que pensez-vous du cas de Beppe Grillo, en Italie ?**

Frigide Barjot vient du monde du spectacle. Elle est humoriste, comme Beppe Grillo en Italie qui est devenu en une élection le chef d'un parti important, déstabilisant l'échiquier politique. Ce dernier est plus fixé contre le capitalisme et l'immigration. Barjot entend parler au nom de tout le peuple (d'où la « Manif pour tous »). Grillo, lui, va jusqu'à envisager la démocratie directe par Internet pour supprimer toutes les élites « mondialisées », tous les intermédiaires corrompus. Barjot défend le mariage traditionnel, mais revendique sa liberté de mœurs et se targue d'avoir fréquenté les bars gay. Pour elle, comme pour Christine Boutin, « Mariage et adoption pour les homosexuels sont une bombe à retardement pour la civilisation »[40].

**On se souvient de Coluche, qui dans les années 1980 avait poussé la farce jusqu'à annoncer sa candidature à la présidence de la République. Est-ce comparable aux cas que vous venez de citer ?**

Coluche n'était pas un leader populiste parce qu'il est resté jusqu'au bout dans son rôle d'humoriste. Il se moquait des élites certes, mais ne faisait pas appel à la sainte vérité du peuple (il se moquait même d'ailleurs du « bon sens » populaire). Frigide Barjot, au contraire, au départ humoriste, est devenue soudain terriblement sérieuse.

**Le populisme liquide est-il anti-européen ?**

Il est contre les institutions européennes (et ses fonctionnaires), parce qu'elles seraient dirigistes et en même temps parce qu'elles feraient le jeu du libéralisme sauvage. Le non à la Constitution européenne était en partie l'expression d'une angoisse indéterminée typiquement populiste. Mais le populisme actuel est culturellement européaniste.

**Comment peut-on se dire à la fois anti-européen et européaniste ? C'est là encore une posture a priori contradictoire…**
Je veux dire par là que les souverainistes retranchés sur leur société se sentent solidaires des autres souverainistes dans l'ensemble de l'Europe, pour protéger le patrimoine européen. Ces nouveaux partis de défense culturelle pullulent dans l'ensemble du continent : ils développent une idéologie européaniste, tout en pourfendant l'Union européenne. Ce n'est pas un hasard si Marine Le Pen se rend à Vienne en janvier 2012, à l'invitation du Parti autrichien de la liberté (FPÖ) et de l'Alliance européenne pour la liberté (EAF). Nous assistons à la mise en réseaux des populismes européens, tandis que l'accent est mis sur les valeurs centrales de cohésion, telles que la démocratie, la liberté et même… la tolérance ! Observez les noms de ces partis : en Suisse, l'Union démocratique du centre (UDC), à l'origine de la votation anti-minarets ; en Norvège, le Parti du progrès. « Liberté », « progrès », « démocratie »… En France, c'est l'exaltation de la « laïcité » chez Marine Le Pen, avec un Front national rénové sur ce même modèle.

Au sein de ces formations et même au-delà d'elles, on peut se permettre de limiter la liberté au nom de la défense de la liberté du vrai peuple. Ce qui amène les populistes liquides à détourner la notion de démocratie, ou celle de féminisme, qui sont défendues comme une essence culturelle, contre la liberté concrète de certaines femmes, par exemple celles qui désirent porter un foulard.

**On pourrait vous objecter que ces mouvements, dont l'essor est certes inquiétant, ne remplacent tout de même pas les grands partis démocratiques, et que leur influence n'est pas majeure dans le champ politique...**

Non, justement. Dans les années 1970, on comptait seulement quatre partis de ce genre. Il y en a aujourd'hui 27 dont l'influence est considérable dans au moins 18 États européens (en ne tenant compte que des partis qui franchissent les 5 % dans des scrutins nationaux, sachant que 11 d'entre eux dépassent les 15 %[41]). Et puis il y a tous les mouvements qui ne sont pas des partis, comme Vox populi (avec la devise « Force morale et justice sociale »), Riposte laïque (issue de Res publica, donc à gauche, et flirtant avec le Bloc identitaire, donc l'extrême-droite), Boulevard Voltaire, et des centaines d'autres qui relayent la logique de défense patrimoniale sous toutes ses formes et avec toutes les combinaisons opiniologiques possibles. On trouve de nouveaux groupuscules néonazis dans le Sud de la France, comme le FDF (Front de défense de la France, prônant la lutte armée), la Ligue du Midi, Troisième Voie, et même quelques comités de villages avec des particuliers qui font des rondes à tour de rôle pour se protéger de l'ennemi. N'oublions pas enfin qu'une des propriétés du populisme liquide est d'infuser toute la classe politique, contrairement aux années 1930 où les partis classiques ne tombaient pas dans l'appel au « vrai peuple ». Aujourd'hui, nous avons au PS la Gauche populaire, à l'UMP la Droite forte et la Droite populaire. Des parlementaires peuvent faire sans problème, soudain, de l'antiparlementarisme. C'est donc l'ensemble de la classe politique qui est touchée par le populisme liquide.

## Une pathologie de la modernité

**Comment peut-on expliquer le glissement du racisme biologique vers le racisme culturel ?**

L'essentialisation de la culture occidentale – et de l'européanité – est une vieille idée portée à la fin des années 1960 par des mouvements comme le GRECE en France (Groupe de recherche et d'études pour la civilisation européenne) et dans son sillage le Club de l'horloge que nous avons déjà évoqué, sorte d'officine intellectuelle de l'extrême-droite. Ces groupuscules sont dans la continuité du romantisme allemand qui a idéalisé au XIXe siècle la civilisation européenne.

**Ces idées ne sont pas récentes. Alors, pourquoi un tel changement a-t-il lieu seulement maintenant ?**

Oui, vous avez raison, la vraie question est là car, dans les années 1980, ces groupes étaient très isolés, y compris au sein de la nébuleuse de l'extrême-droite. Et puis soudain, au seuil du IIIe millénaire, alors que leur combat pour déplacer l'essentialisation de la race vers celle de la civilisation semblait perdu, leurs idées sont devenues dominantes, d'abord au Front national, puis dans l'ensemble du monde politique. On se rappelle la sortie complètement assumée de Claude Guéant en février 2012 sur l'inégalité des civilisations alors qu'il était encore ministre de l'Intérieur.

**Oui, Claude Guéant avait expliqué, lors d'un colloque d'étudiants de l'UNI (4 février 2012) intitulé « Vaincre pour la France », que « toutes les civilisations ne se valent pas ». J'avais évoqué dans une tribune, avec des collègues ethnologues, le détournement des idées de l'ethnologie ainsi opéré[42]... Cela dit, le GRECE était obsédé par la « culture » indo-européenne, ce qui n'est pas le cas de Guéant et des défenseurs actuels de la culture occidentale...**

Effectivement, le GRECE ne faisait pas entrer dans cette « culture à préserver » l'ensemble des valeurs républicaines comme ont pu le faire Sarkozy et son entourage, ou les meneurs de la « Manif pour tous », et maintenant même le Front national. J'imagine d'ailleurs qu'ils ne se retrouveraient pas dans les déclamations de Frigide Barjot. Même si cette dernière n'est pas étrangère à ces vieux réseaux d'extrême-droite, ne serait-ce que par l'intermédiaire de son mari Basile de Koch qui a travaillé au Club de l'horloge !

**Vous n'avez toujours pas répondu à ma question : pourquoi maintenant, dans les années 2000, et pas il y a trente ans ?**
Parce que l'Europe est en train de vivre à mon avis la plus grave crise symbolique de son histoire. Elle était véritablement le nombril du monde ; elle n'est plus aujourd'hui qu'une partie de ce monde, de sorte qu'elle a du mal à redéfinir sa place sur de nouvelles bases. Pour comprendre vraiment ce qui s'est passé, il faut remonter je crois au moins jusqu'au XIX<sup>e</sup> siècle, même à l'extrême fin du XVIII<sup>e</sup> siècle. À partir de 1799, date emblématique avec l'entrée de Napoléon au Caire, toutes les administrations du monde arabo-musulman (et notamment de l'Empire ottoman) vont s'effondrer les unes après les autres. L'Occident est en train de l'emporter sur l'ensemble de la planète, militairement, économiquement, mais aussi symboliquement. Il faut bien réaliser ce qu'est devenue l'Europe à partir de ce moment-là : pas seulement un agrégat d'empires plus puissants les uns que les autres, comme il y en a eu d'autres dans l'histoire ; non, l'Europe est tout simplement devenue le centre de gravité de l'ensemble de l'humanité. Dès lors, les autres sociétés ont vécu en regardant sans cesse vers l'Europe.
Parallèlement se développe une idéologie, l'occidentalisme (l'essentialisation de l'Occident), qui

renvoie à un double complexe de supériorité et d'infériorité. Un complexe de supériorité de la part des Européens et d'infériorité de la part de tous les autres. Il y a une sorte d'admiration/répulsion pour le continent européen. L'islamisme, par exemple, prend sa source dans la haine d'un Occident mythifié, c'est le fruit de la blessure narcissique subie par le monde arabo-musulman.

**Si je vous suis bien, l'islamisme ne serait donc pas une tendance intrinsèque de l'islam, mais plutôt une conséquence de l'occidentalisme, cette théorie moderne qui essentialise l'Occident, née en Occident puis reprise hors de l'Occident?**

En effet. L'islamisme proprement dit, l'idée d'imposer une société islamique (alors qu'au moins jusqu'au XIIIe siècle, contrairement aux idées reçues, existait une certaine séparation entre religion et politique dans le monde musulman[43]), est un phénomène moderne qui se caractérise par un rejet de l'Occident, considéré comme l'expression essentielle du mal. L'islamisme ne rejette pas forcément toute la modernité d'ailleurs, il peut conserver par exemple l'idée de démocratie, d'égalité sociale, mais en s'appropriant ces valeurs comme si elles faisaient partie de l'islam des origines. Les Frères musulmans en Égypte sont typiquement dans cette ligne. Ils se sont beaucoup inspirés des thèses marxistes et tiers-mondistes pour fonder leur critique de l'Europe, puis de l'Amérique lorsqu'elle a pris une place dominante.

D'autres versions ont effectivement totalement refusé la modernité, comme les talibans en Afghanistan, qui sont des littéralistes purs et durs. D'autres encore, comme le mouvement wahhabite en Arabie Saoudite, ont rejeté la modernité politique et sociale, en rendant un culte au mode de vie du temps du Prophète, par exemple en possédant des chameaux, mais en même temps en s'acclimatant à la modernité technologique la plus sophistiquée, en voyageant dans des jets dernier cri !

Même le djihad terroriste est une invention ultra-récente. Il faut se rappeler en effet que, dans l'islam ancien, le djihad est essentiellement le combat spirituel contre soi-même. D'après Olivier Roy[44], cette interprétation nouvelle du djihad aurait permis à des groupuscules islamistes de prendre le relais des mouvements terroristes d'extrême-gauche qui ont été démantelés à la fin des années 1970, comme la Bande à Baader en Allemagne. Vous remarquerez qu'ils apparaissent effectivement dans les années 1980 et que leurs cibles sont *grosso modo* les mêmes : les hauts lieux du capitalisme, jusqu'aux deux tours du World Trade Center. Mais, plus généralement, pour ne pas nous limiter à la question très sensible de l'islam, on peut dire que l'hégémonie européenne totale, depuis la fin du XVIIIe siècle jusqu'au début du XXe siècle, a provoqué des réactions à la fois d'opposition et d'imitation un peu partout dans le monde[45].

**Pouvez-vous nous donner d'autres exemples de ces oppositions et imitations face à l'Occident ?**

Le Japon de l'ère Meiji (1868-1912) illustre parfaitement cette situation complexe, à la fois par la modernisation qui y est prônée, la volonté d'imiter l'Europe, jusqu'au remplacement des kimonos par des costumes-cravates ; et en même temps par l'apparition d'un nouveau sentiment nationaliste, d'un désir collectif d'en découdre avec l'Europe dominatrice. On retrouve des scénarios comparables partout dans le monde. Il faut dire que les Européens ont fait de l'humanité entière leur terrain de jeu, ils ont pu ainsi se passionner pour les coutumes non européennes, avec une dose de condescendance : c'est ce que l'on appelle l'orientalisme, c'est-à-dire la fascination ambiguë éprouvée par les Européens pour les « mystères » des autres cultures. Eh bien, c'est cette place absolument unique dans l'histoire humaine que l'Europe va tout bonnement perdre.

**Mais l'Europe avait pourtant déjà perdu sa domination sans partage dès la fin de la guerre de 1914-1918 ; alors, encore une fois, pourquoi les années 2000 ?**

Parce que l'Europe gardait jusque-là une grande partie de son importance symbolique. Certes, elle est dépassée militairement par la nouvelle superpuissance étasunienne dès 14-18. Puis elle est économiquement humiliée, là encore par les États-Unis, dès 1944 avec les accords de Bretton Woods qui font du dollar une sorte de monnaie universelle et avec le plan Marshall, cette aide financière massive dont ont eu besoin les Européens pour se reconstruire. Mais l'Europe, malgré cela, était encore vue comme le centre culturel de l'humanité, et restait l'autorité morale du monde.

**C'est cette autorité morale qui est remise en cause au début du IIIe millénaire ?**

Oui, depuis le conflit irakien de mars 2003, qui est une date charnière, parce que les Américains ne semblent même plus vouloir consulter les puissances européennes avant d'intervenir. Dans la même période, les places de membres permanents au Conseil de sécurité des Nations unies de la France et du Royaume-Uni, deux pays qui ne sont plus des puissances majeures, sont de plus en plus discutées. Par ailleurs, les Européens font face à de multiples crises institutionnelles, n'arrivent pas à s'entendre sur une Constitution commune et sont obsédés par la place économique et politique prise par les nouveaux colosses que sont l'Inde, la Chine et même le Brésil. Ils entrent alors dans une période de protectionnisme culturel, qui se caractérise par exemple par cette série de débats publics organisés dans de nombreux pays du continent sur l'identité nationale. En fait, au moment où le monde ne regarde plus vers l'Europe, celle-ci se met à voir le monde autrement, non plus comme un terrain de jeu, mais comme une menace écrasante.

**Est-ce pour cela que le populisme liquide des années 2000 rejette viscéralement la mondialisation et le capitalisme ?**
Oui, mais pas seulement pour cela. D'abord, effectivement, parce que les Européens sont en train d'être vus comme un ensemble de sociétés périphériques dans la marche du monde : ils s'en rendent si bien compte qu'ils préfèrent se retrancher sur eux-mêmes, sur le rêve de leur grandeur passée. Mais ils ont surtout le sentiment, lorsqu'ils voient ce monde qui semble les encercler, d'avoir été expropriés de leur modernité, de leur rationalité, de leur science, y compris de leur idée d'universalité, et même du capitalisme dont ils sont pourtant à l'origine, et qui aujourd'hui fait la puissance de l'Amérique ou de la Chine.
La France, en particulier, n'arrive pas à admettre qu'elle n'a plus les moyens de sa « mission civilisatrice universelle ». Elle n'arrive plus à raconter sa grandeur au reste du monde, alors elle continue à se la raconter à elle-même, un peu comme une personne qui radote. C'est une crise narcissique collective. C'est dans cette atmosphère des années 2000 que la thèse du choc des civilisations, éla-

borée dans les années 1950, va redevenir à la mode.

**Oui, vous pensez probablement au livre du politologue américain Samuel Huntington, *Le Choc des civilisations*, qui a connu un succès planétaire[46]…**

En fait, Huntington, qui était l'assistant de Bernard Lewis, a repris cette idée à Lewis qui, lui, est britannique, même s'il a poursuivi sa carrière universitaire aux États-Unis. Pour ce dernier, l'Europe est menacée par l'islam, qu'il conçoit comme une civilisation consubstantiellement conquérante. L'autre élément moins présent chez Lewis, c'est le caractère diabolique du capitalisme. On voit bien le retournement : la société qui a dominé totalement l'humanité, l'Europe, se sent soudain à la merci du monde extérieur, qui prend la double figure menaçante du capitalisme (dont elle est à l'origine) et de l'islam (qu'elle a écrasé pendant des siècles) !

**Ce qui expliquerait, d'après vous, que le libéralisme soit si connoté négativement aujourd'hui en Europe, à la fois dans les milieux intellectuels et dans le sens commun ?**

Le libéralisme signifie, pour de plus en plus de gens à la fois le pire du système capitaliste au sens économique (la mondialisation qui nous dépasse et « nous » menace, cause du chômage, de l'injustice sociale, etc.) et, au sens culturel, le communautarisme (la tolérance à des cultures s'opposant à la nôtre), dont l'islam est le symbole par excellence. Le communautarisme désigne au fond l'ensemble des cultures « inférieures », qui ne nous valent pas (comme pourrait dire Claude Guéant), mais qui constituent maintenant la diversité ethno-culturelle dans laquelle nous vivons. Le pire étant que ces communautés représentent souvent les anciens colonisés qui se permettent aujourd'hui de « nous » juger au nom du contenu de nos propres principes de justice sociale, d'égalité, etc. « Nous » leur répondons alors (je veux dire : les populistes leur répondent) que, puisque ce sont « nos » principes (au sens patrimonial du terme), « nous » pouvons les interpréter comme nous voulons, et que, s'ils en restaient à « leur » culture (qui ne vaut pas la nôtre), ils ne seraient pas aussi libres que ce qu'ils sont aujourd'hui[47]. Le multiculturaliste est déloyal à sa propre culture, parce qu'il se refuse à considérer l'égalité, l'universalité, la liberté, comme un patrimoine occidental. En fait, son vrai péché est de prendre au mot ces beaux principes !

**Vous ne croyez pas au danger du « communautarisme », ce mot dont les grands médias nous abreuvent ?**

Le danger du communautarisme peut tenir à deux choses. D'abord, au mal qu'une communauté pourrait infliger à d'autres, en cherchant à s'imposer de force. Ensuite, au mal qu'elle pourrait imposer à ses propres membres. Je pense par exemple à l'excision pratiquée sur les femmes dans certaines cultures ou à d'autres formes de mutilations. Parce que je défends farouchement la conception moderne des droits universels, je suis pour l'interdiction absolue de ce type de pratiques.

En revanche, je me refuse absolument à juger, interdire, contrôler, imposer à des *communautés* un style esthétique particulier, un mode de vie qui serait meilleur parce que ce serait le « nôtre », au nom de cette *common decency*, si chère au philosophe Jean-Claude Michéa. Celui-ci a emprunté la notion à George Orwell : elle est équivalente au Réel, au sens commun populaire, une sorte d'honnêteté spontanée de l'homme du peuple, qui sait

« La France n'arrive plus à raconter sa grandeur au reste du monde, alors elle continue à se la raconter à elle-même... C'est une crise narcissique. »

intuitivement quelles sont les limites à ne pas dépasser, qui sait comment l'on doit décemment vivre et se comporter.

**Parlons franchement : pensez-vous que Michéa est populiste ?**
On ne peut pas résumer en quelques phrases la complexité de la pensée de Michéa. Sa critique des formes de l'idéologie libérale est très fine et souvent lumineuse. Je crois qu'il participe néanmoins de cette mouvance qui, en vouant aux gémonies l'individualisme, fait le jeu des réactionnaires progressistes, lui qui se veut d'ailleurs socialiste conservateur (ce que j'appellerai un « progressiste réactionnaire »). Il est d'ailleurs cité à gauche comme à droite, y compris par Marine Le Pen, ce qui n'est pas un hasard. En mettant comme il le fait libéralisme politique et libéralisme économique dans le même sac, c'est finalement l'idée même de liberté individuelle qu'il rejette. Et cela au nom d'un sens commun, d'une vérité qui irait de soi, une intuition ordinaire du peuple, qui autoriserait à poser des limites « décentes » aux comportements individuels.
Ce raisonnement le conduit à rejeter la gauche multiculturaliste qui ferait le jeu du grand capital. Il raille ainsi la lutte contre les discriminations ethno-culturelles, la défense des sans-papiers, le « mariage pour tous », l'adoption homoparentale et même une certaine forme d'action humanitaire — autant de questions « sociétales » qui nous feraient oublier les vraies questions « sociales » (distinction chère à la Gauche populaire, probablement influencée par Michéa). En devenant libertaire, la gauche aurait trahi ses origines, trahi la culture populaire, le bon sens. Bien sûr, je caricature sa pensée ; mais il y a bien la nostalgie d'un passé sacralisé, d'un ordre ancien, la critique des élites non patriotiques et « indé-

centes », des « bobos » en particulier, qui ne respectent pas assez l'identité nationale.

**Essayons de suivre encore un peu ce raisonnement… À quel moment la gauche se serait-elle ainsi « trahie », selon Michéa ?**

En deux phases. D'abord avec l'affaire Dreyfus : en choisissant le combat des droits de l'homme, elle en aurait oublié les intérêts concrets du monde ouvrier. Michéa en vient même à justifier l'antisémitisme de certains vieux socialistes comme Fourier, parce qu'il ne serait en rien racial ou religieux, mais attaché à l'image de mobilité, de déracinement du Juif, qui personnifie en quelque sorte les temps capitalistes[48]. La seconde phase est évidemment Mai 68, et le fameux « Il est interdit d'interdire ! » Cet éloge de toutes les transgressions, des conduites les plus débridées, du plaisir, de l'épanouissement sexuel, aurait fait sauter toutes les limites morales, toutes les autorités traditionnelles, tous les tabous. Et c'est exactement cette dérégulation morale dont le capitalisme avait besoin pour étendre son empire. Contre l'extension infinie du libéralisme, qui transforme tout ce qu'il touche en marchandise, il faudrait donc imposer le rempart de la *common decency*.

**Faisons-nous un peu l'avocat du Diable : Il faut tout de même bien des limites, pour qu'une société fonctionne ?**

Certes, mais je trouve intolérable que la limite soit fixée par une notion aussi floue que la « décence ». Qui peut la définir ? Celui-là seul qui est en contact direct avec le peuple, qui sent comme lui… On devrait abandonner toute rationalité à un vague ordre moral, faire confiance à l'honnêteté naturelle de l'homme du peuple pour nous dire le bien ? En réalité, je pense que c'est exactement le genre d'attitude populiste qui nuit à une vraie critique du capitalisme, non comme essence du mal, mais comme système concret d'aliénation économique. À force de décrier la puissance fantomatique du capitalisme, on n'analyse plus les forces en présence, le fonctionnement délétère réel de la finance internationale. Personnellement, je suis d'accord avec Michéa sur l'indécence du capitalisme sans frontières, mais je ne vois pas très bien le rapport avec l'indécence supposée de la liberté des mœurs, par exemple. Par ailleurs, je crois aussi que l'atmosphère populiste, fondée sur le respect d'une décence qui irait de soi, nous empêche de repérer les formes de communautarisme qui peuvent être concrètement source de violences.

**Vous êtes donc d'accord avec quelqu'un comme Alain Policar[49], pour qui il faut distinguer libéralisme économique et libéralisme politique ?**

Oui. Comme lui, je ne crois pas à la liaison nécessaire entre libéralisme politique et capitalisme débridé. L'essence du libéralisme, c'est l'émancipation des individus, ce qui ne s'oppose absolument pas à la solidarité sociale et économique, bien au contraire. Mais pour ma part, j'irais encore plus loin, en disant qu'il faut réhabiliter le mot même de « libéralisme », qui est devenu péjoratif, presque une insulte. Vous ne pouvez plus vous dire libéral sans être suspect de complicité avec l'ennemi capitaliste.

**Mais vous n'incluez pas le libéralisme économique dans votre réhabilitation ?**

Le concept de « libéralisme » a fait l'objet d'une OPA des économistes dits néolibéraux, qui, en réalité, ne sont pas libéraux. Le libéralisme, même économique, ce n'est pas le capitalisme dérégulé, la puissance de l'argent, la marchandisation et la financiarisation sans frontières. C'est l'aspiration à la liberté, à l'autonomie individuelle, y compris sur le plan économique, qui induit la nécessité de régulations sociales. C'est le pari de la liberté humaine, qui est inconcevable sans justice sociale. Et qui est incompatible avec le fait de réduire l'homme à une marchandise. Les multinationales géantes sont la négation du libéralisme, parce qu'elles fonctionnent comme de grosses machines impersonnelles et bureaucratiques au service d'un petit nombre d'actionnaires souvent sans foi ni loi. Une telle concentration du capital est incompatible avec le libéralisme tel que je le conçois. En allant même encore plus loin, pour moi le libéralisme est tout à fait compatible avec le marxisme.

**Voilà qui n'est pas complètement surprenant, mais qui mérite une petite explication, non ?**

L'objectif de Marx est de libérer les individus. Il critique l'aliénation capitaliste et non le libéralisme. Il accuse le mode de production bourgeois, qui aliène la liberté des prolétaires, en achetant leur force de travail à bon compte. Mais Marx n'éprouve pour autant aucune nostalgie pour les modes de production antique, féodal ou autres. En effet, il combat l'aliénation capitaliste, mais nullement le libéralisme. Le gendre de Marx, Paul Lafargue, grande figure du communisme de la fin du XIXe siècle, celui dont Lénine dira qu'il était « un des plus grands propagateurs des idées marxistes », défendait même ouvertement le libéralisme, évidemment pas au sens péjoratif actuel. Lorsqu'il s'attaquait aux droits de l'homme, c'était parce qu'il ne les trouvait pas assez libéraux. Le communisme dans sa version non populiste vise à libérer la créativité individuelle de tous, pour conférer à l'homme, comme l'écrit Lafargue, « des loisirs et la liberté[50] ».

**Vous supposez donc aussi qu'il peut exister une version populiste du communisme ?**

Oui, lorsque l'aspiration à libérer concrètement les individus est abandonnée au profit d'un sens moral indéfini au service de leaders charismatiques. Le stalinisme par exemple s'appuyait sur la fiction du « peuple total » de l'Union soviétique, dont Staline aurait été l'unique confident. Il en va de même pour le maoïsme, qui était fondé sur le culte de la paysannerie porteuse de toutes les vertus de la Chine éternelle. En remettant en cause le libéralisme, qu'on le veuille ou non, c'est la modernité tout court que l'on rejette. Pour cette raison, on peut dire que, lorsqu'ils rejettent la modernité dont ils sont à l'origine, les Européens, au sens le plus profond, se rejettent eux-mêmes.

**Alors, justement, comment définissez-vous la modernité ? Le mot est très galvaudé...**

La modernité est, avant tout, la reconnaissance des *modes* d'existence différents, légitimes parce qu'ils révèlent les choix subjectifs de chacun, au sein d'un même espace juridique et social qui les protège. Ce qui est nouveau, c'est que la subjectivité individuelle devient sacrée. En situation moderne, le statut social de chacun n'est pas fixé *a priori* par une tradition, ni par un ordre moral. C'est pourquoi, aussi, la modernité finit par valoriser les modes aussi superficielles que les modes vestimentaires, qui ne sont rien d'autre que des expressions de notre subjectivité, de nos goûts multiples et changeants, tout comme la multiplicité de nos choix spirituels, alimentaires, etc.

Dans le monde moderne, la subjectivité devient « transcendantale », pour parler comme Kant, autrement dit elle est indiscutable. D'où la notion de droits subjectifs, de droits universels de l'homme. D'où aussi la notion de contrat, laquelle consacre la puissance des volontés individuelles – ce qui inclut la notion de contrat social démocratique, consacrant la volonté souveraine de l'ensemble des individus.

**Mais quel rapport y a-t-il entre la modernité et le populisme ?**

Si on s'appuie sur la définition que je viens de donner de la modernité, il devient alors facile de comprendre que le populisme est une maladie inhérente à la modernité elle-même qui survient lorsque la subjectivité individuelle se dissout dans la subjectivité du peuple, devenu un ensemble homogène, dont le bon sens devient indiscutable. Ce bon sens indiscutable, cette « subjectivité transcendantale » du peuple, devient un nouvel ordre moral : il autorise alors toutes les limitations des libertés individuelles concrètes.

Avec le populisme, l'intimité individuelle, les sentiments, les émotions, la vie privée, tout peut être contrôlé à grande échelle au nom de cette vérité indiscutable du peuple. C'est ce qui peut mener au totalitarisme. Comme l'a bien montré Hannah Arendt[51], dans ce type de régime politique, tous les corps intermédiaires sont éliminés, il n'existe plus aucun contre-pouvoir, contrairement à ce qui peut se passer avec une simple dictature ou dans le cas du césarisme.

**Si je vous suis bien, le populisme et le totalitarisme ne seraient donc possibles que dans la modernité ?**

Absolument. On ne trouvait pas cette subjectivité collective du Peuple porteuse d'une vérité totale dans la Grèce antique, tout simplement parce que la subjectivité tout court n'avait pas de sens. Les Romains, quant à eux, utilisaient la notion de personne (*persona*), qui désignait à l'origine le masque que portaient les acteurs de théâtre : l'homme n'existait qu'à travers son rôle social. L'idée d'un « moi » unitaire n'existait pas, comme l'a montré le célèbre ethnologue Marcel Mauss[52]. Du coup, on ne pouvait pas non plus concevoir un moi unitaire du peuple.

Chez les Grecs anciens, on trouvait des « citoyens » en tant que caste de propriétaires oisifs groupés en une assemblée, l'Ecclesia, mais pas d'individus. Dans la République romaine, nous n'avions ni individus, ni peuple formant un tout, mais des plébéiens distincts des patriciens, comme le proclame la devise *Senatus populusque romanus*. Un dictateur pouvait bien sûr chercher la faveur de la plèbe, mais il ne faisait pas appel au bon sens, à la subjectivité indiscutable du peuple total.

Le sociologue Norbert Elias[53] a bien expliqué qu'au Moyen Âge, le mot d'« individu » (*individualis*) était un terme religieux qui signifiait le caractère *indivisé* de Dieu dans La Trinité chrétienne... Ce n'est donc pas un hasard si un tel terme a été par la suite utilisé pour caractériser la dimension sacrée de l'individu moderne.

**Iriez-vous jusqu'à dire qu'on trouve dès l'origine de la modernité cette tendance antimoderne du populisme, pouvant mener au totalitarisme ? C'est là une thèse jadis défendue par l'historien François Furet, et qui comme vous le savez ne fait pas l'unanimité...**

On retrouve d'après moi cette tendance antimoderne dans le romantisme allemand, lequel sanctifie le *Volksgeist* (l'âme du peuple allemand), mais nous l'avons aussi, comme l'analyse Furet, dès la période révolutionnaire en France, à travers par exemple le discours de Robespierre à la Convention le 24 avril 1793 : « Le peuple peut, quand il lui plaît, changer son gouvernement, et révoquer ses mandataires. »

À côté de cela, nous avons la modernité authentiquement libérale d'un Benjamin Constant, qui affirme certes que toute autorité qui n'émane pas de la volonté générale est illégitime, mais tout en prévenant que la notion de « peuple souverain », sans limites, conduit à des gouvernements plus brutaux et plus abominables que la monarchie de droit divin. La période postrévolutionnaire dite de la Terreur est peut-être d'ailleurs la première expérience totalitaire de l'histoire, avec la mise en place en 1792 d'un Tribunal révolutionnaire qui juge au nom du peuple sans possibilité d'appel, puis du Comité de salut public en 1793 qui engage une politique de répression sanglante systématique au nom de menaces pesant sur la sûreté de l'État.

**Pensez-vous que le populisme actuel peut déboucher sur un régime totalitaire de ce type ?**

Non, aujourd'hui, à l'heure du populisme liquide, nous ne risquons évidemment pas, je crois (et fort heureusement !), de glisser jusqu'à la terreur absolue du Comité de salut public ou du nazisme. Notre totalitarisme à nous est plus insidieux. Les multinationales sans frontières alimentées par la société de consommation, dont plus personne ne contrôle réellement le fonctionnement, surveillant nos moindres désirs, nos habitudes et notre intimité à travers Internet, constituent une manifestation du totalitarisme liquide. Le système économique actuel n'est pas fondé sur le libéralisme (même s'il en usurpe le nom), mais au contraire sur la destruction de nos libertés individuelles. Par ailleurs, la tendance politique latente dans l'Europe actuelle au contrôle des choix de vie individuels, au nom d'un danger imminent et incommensurable qui pèserait sur « notre culture », est un indice selon moi évident de la victoire possible du totalitarisme liquide.

En réalité, le danger réel qui pèse sur nous, Européens, est plutôt l'enfermement dans la nostalgie de notre grandeur passée, et dans le refus du métissage culturel inhérent au devenir du monde, métissage qui va pourtant dans le sens de notre aspiration moderne à une société universelle. Hier comme aujourd'hui, c'est la liberté qui est en jeu.

**La différence droite/gauche vous semble dépassée dans l'atmosphère de défense culturelle actuelle ?**

Je n'irai pas jusque-là. Il y a toujours une sensibilité de droite et une sensibilité de gauche. Mais elles passent au second plan aujourd'hui, comme à l'époque de l'affaire Dreyfus : la véritable fracture se situait entre d'un côté les antidreyfusards (populistes), de droite comme de gauche, qui acceptaient de sacrifier les droits de l'homme, l'État de droit, à la défense de la nation ; et les dreyfusards (libéraux) qui refusaient d'entrer dans cette logique. La tradition libérale, c'est celle de Benjamin Constant, du philosophe Alain, ou encore d'Aristide Briand, rapporteur général de la loi de 1905, qui est par excellence une loi qui poursuit la préservation des choix spirituels des différentes communautés en présence, y compris des athées, contrairement à l'interprétation biaisée et autoritaire qui en est faite aujourd'hui. Ce n'est pas un hasard si la figure bicéphale du libéral – un individu à la fois libertaire libéral (ce multiculturaliste qui serait l'allié du capitalisme débridé, et ferait le jeu du communautarisme) et libéral libertaire (ce capitaliste débridé, qui sentirait bien que le communautarisme lui est utile pour asseoir sa domination) – est aujourd'hui assimilée à celle du traître à « notre » culture, pour le populiste de gauche comme de droite.

Plus généralement, pour moi, la véritable fracture politique actuelle, au-delà des fausses oppositions opiniologiques, réside dans l'antagonisme entre le populisme et le libéralisme. On ne peut du reste que relever le discrédit étonnant dans lequel est tombé le mot même de « libéralisme » : ce nouvel adversaire serait partout à nos frontières, et s'incarnerait dans la globalisation dérégulée, dans les institutions européennes, dans la diversité ethnique... Tout cela, j'en suis persuadé, est caractéristique de l'atmosphère populiste européenne, comme si nous étions menacés par la liberté elle-même !

# Notes

1. Jean-Luc Mélenchon, *Qu'ils s'en aillent tous! Vite, la révolution citoyenne*, Paris, Flammarion, 2010.
2. Sondage IFOP réalisé du 22 au 28 février 2012 (échantillon: 805 personnes âgées de 18 à 22 ans).
3. Emmanuel Todd et Hervé Le Bras, *Le Mystère français*, Paris, Seuil, coll. « La République des idées », 2013.
4. *Le Nouvel Observateur*, n° 2524, 21 mars 2013, p. 98.
5. Ian Kershaw, *Qu'est-ce que le nazisme? Problèmes et perspectives d'interprétation*, trad. J. Carnaud, Paris, Gallimard, coll. « Folio Histoire », 1992.
6. Jacques Rancière, « L'Introuvable Populisme », in Collectif, *Qu'est-ce qu'un peuple?*, Paris, La Fabrique, 2013.
7. Raphaël Liogier, *Le Mythe de l'islamisation: essai sur une obsession collective*, Paris, Seuil, 2012.
8. Michèle Tribalat, « L'islam reste une menace », in *Le Monde*, 13 octobre 2011.
9. Robert Redeker, « L'Homme nouveau ou la Société contre le peuple », in *Le Figaro*, 3 juin 2013.
10. Nancy Huston et Michel Raymond, « Sexes et races, deux réalités », in *Le Monde*, 17 mai 2013.
11. Michel Foucault, *Naissance de la clinique. Une archéologie du regard médical*, Paris, PUF, 2009.
12. Jean Baubérot et Raphaël Liogier, *Sacrée médecine: histoire et devenir d'un sanctuaire de la Raison*, Paris, Entrelacs, 2010.
13. Raphaël Liogier, *Le Mythe de l'islamisation: essai sur une obsession collective*, Paris, Seuil, 2012.
14. Renaud Camus « Discours de Notre-Dame, hommage à Dominique Venner, vendredi 31 mai 2013 », www.innocence.org.
15. Annie Collovald, « Les Mésusages politiques du populisme », politique-actu.com.
16. Jean-Luc Mélenchon, « Une défense souveraine et altermondialiste », in *Revue défense nationale*, n° 749, avril 2012.
17. Gérard Noiriel, *Immigration, antisémitisme et racisme en France, XIX$^e$-XX$^e$ siècle: discours publics, humiliations privées*, Paris, Fayard, coll. « Les Nouvelles Études historiques », 2007.
18. Richard Millet, *Fatigue du sens*, Paris, Éditions Pierre Guillaume de Roux, 2011.
19. Jean-Paul Sartre, *Réflexions sur la question juive*, Paris, Gallimard, 1954.

20 Itélé, 21 avril 2013.
21 Nicolas Bourgoin, « La Délinquance des mineurs : vrai enjeu politique, faux problème social », texte inédit paru sur le blog du sociologue Laurent Mucchielli, « Délinquance, justice et autres questions de société », 6 décembre 2011.
22 Voir Laurent Mucchielli, *L'Invention de la violence : des peurs, des chiffres, des faits*, Paris, Fayard, 2011, p. 53-59.
23 Site Fdesouche.com, 28 octobre 2012.
24 « Manif pour tous : c'est devenu un combat contre une dictature », Rue 89, 22 juin 2013.
25 Centre de recherches politiques de Sciences Po.
26 Marwan Mohammed, « La Jupe et le Bandeau : lettre à Sirine », in *Libération*, 4 avril 2013.
27 Cf. thème n° 3 : des « idées fortes » de « la droite forte ».
28 Michel Wieviorka (dir.), « Culture, société et démocratie », in *Une société fragmentée ? Le multiculturalisme en débat*, Paris, La Découverte, coll. « Cahiers libres », 2012.
29 Intervention du 18 avril 2013 : examen en 2e lecture à l'Assemblée nationale du projet de loi « Mariage pour tous ».
30 Benoît Kermoal, « Ceci n'est pas du fascisme : observation ethnogaphique d'une manifestation », enklask.hypothèses.org, 23 avril 2013.
31 Christophe Guilluy, *Fractures françaises*, Paris, Bourin, 2010.
32 Régis Meyran et Valéry Rasplus, « "Insécurité culturelle" et différentialisme de gauche », in *Libération*, 4 juin 2012.
33 Phrase prononcée le 23 mars 2013 au Congrès du Parti de gauche.
34 Enzo Traverso, *Où sont passés les intellectuels ?*, Paris, Textuel, coll. « Conversations pour demain », 2013.
35 Jean Baudrillard, *Pour une critique de l'économie politique du signe*, Paris, Gallimard, coll. « Les Essais », 1972.
36 Zygmunt Bauman, *Identité*, trad. M. Dennehy, Paris, L'Herne, coll. « Série des carnets anticapitalistes », 2010.
37 Laurent Obertone, *La France orange mécanique*, Paris, Ring, 2013.
38 Sylvain Banducci, « Pourquoi je suis POUR le "mariage pour tous" », bvoltaire.fr, 3 février 2013.
39 Étienne Lahyre, « Mariage pour tous, salaire des grands patrons : même logique », bvoltaire.fr, 28 mai 2013.
40 Atlantico, 30 juin 2013.
41 Mario Friso, « Quand souffle le vent du populisme », in *Bruxelles laïque échos*, n° 81, juin 2013, p. 21.

42 Dominique Casajus, Salvatore D'Onofrio, Corinne Fortier et Régis Meyran, « MM. Guéant et Ferry, attention au détournement de l'ethnologie », rue89.com, 10 février 2012.
43 Mohammed Arkoun, *Humanisme et Islam*, Paris, Vrin, coll. « Études musulmanes », 2005.
44 Olivier Roy, *L'Islam mondialisé*, Paris, Seuil, coll. « La Couleur des idées », 2002.
45 Ian Buruma et Avishai Margalit, *L'Occidentalisme: une brève histoire de la guerre contre l'Occident*, trad. C. Chastagner, Paris, Climats, 2006.
46 Samuel Huntington, *Le Choc des civilisations*, trad. collective, Paris, Odile Jacob, 1997.
47 Jean-François Mattéi, *Le Procès de l'Europe: grandeur et misère de la culture européenne*, Paris, PUF, coll. « Intervention philosophique », 2011.
48 Jean-Claude Michéa, *Le Complexe d'Orphée: la gauche, les gens ordinaires et la religion du progrès*, Paris, Climats, 2011.
49 Alain Policar, *Le Libéralisme politique et son avenir*, Paris, CNRS Éditions, coll. « Philosophie », 2012.
50 Paul Lafargue, *Le Droit à la paresse*, Paris, Maspero, coll. « Petite Collection », 1969, p. 153.
51 Hannah Arendt, *Le Système totalitaire : les origines du totalitarisme*, trad. collective, Paris, Seuil, coll. « Points Essais », 2005.
52 Marcel Mauss, « Une catégorie de l'esprit humain: la notion de personne, celle de "moi" », article originalement publié dans *Journal of the Royal Anthropological Institute*, vol. LXVIII, 1938.
53 Norbert Elias, *La Société des individus*, trad. J. Étoré, Paris, Fayard, 1991.

## Dans la même collection

- **L'Architecture est un sport de combat** Rudy Ricciotti *(2013)*
- **Où sont passés les intellectuels ?** *Enzo Traverso (2013)*
- **L'Argent sans foi ni loi** *Michel Pinçon et Monique Pinçon-Charlot (2012)*
- **La Guerre civile numérique** *Paul Jorion (2011)*
- **L'Administration de la peur** *Paul Virilio (2010)*
- **Après Levi-Strauss** *Alban Bensa (2010)*
- **Face à la crise : l'urgence écologique** *Alain Lipietz (2009)*
- **Que peut l'éthique ? Faire face à l'homme qui vient** *Monique Canto-Sperber (2008)*
- **Racisme : la responsabilité des élites** *Gérard Noiriel (2007)*
- **Face aux migrants : état de droit ou état de siège ?** *Danièle Lochak (2007)*
- **Extrêmes gauches : la tentation de la réforme** *Christophe Bourseiller (2006)*
- **La Société de déception** *Gilles Lipovetsky (2006)*
- **À quoi sert l'histoire de l'art ?** *Roland Recht (2006)*
- **Modèle social : la chimère française** *Alain Renaut (2006)*
- **Le Grand Méchant Loup pharmaceutique** *Philippe Urfalino (2005)*
- **Profession artiste : extension du domaine de la création** *Pierre-Michel Menger (2005)*
- **L'Artiste et le Politique** *Olivier Mongin (2004)*
- **Face à l'islam** *Abdelwahab Meddeb (2004)*
- **L'Ultime Honneur des intellectuels** *François Laruelle (2003)*
- **Réponses juives aux défis d'aujourd'hui** *Gilles Bernheim (2003)*
- **Quel renouveau socialiste ?** *Jacques Généreux (2003)*
- **Nos amours de la France : République, identités, régions** *Danièle Sallenave, Périco Légasse (2002)*
- **Sauver les lettres** *Collectif, postface de Danièle Sallenave (2001)*
- **Le Consentement fatal : l'Europe face aux États-Unis** *Pierre-Marie Gallois (2001)*
- **La Misère hors la loi** *Paul Bouchet (2000)*
- **La Fabrique du sexe** *Pierre Babin (1999)*
- **Éloge de la résistance à l'air du temps** *Daniel Bensaïd (1999)*
- **Pourquoi changer l'école ?** *François Dubet (1999, réed. 2001)*
- **Que vive l'école républicaine !** *Charles Coutel (1999)*
- **Planète sous contrôle** *Dominique Bourg (1998)*
- **Économie : le grand satan ?** *Pierre-Noël Giraud (1998)*

- **Contre la dépression nationale** *Julia Kristeva (1998)*
- **La Hantise du passé** *Henry Rousso (1998)*
- **À quoi sert la littérature ?** *Danièle Sallenave (1997)*
- **Malaise dans la mondialisation** *Zaki Laïdi (1997, rééd. 2001)*
- **L'Avenir du progrès** *Dominique Lecourt (1997)*
- **Contre la fin du travail** *Dominique Schnapper (1997)*
- **Vers un droit commun de l'humanité** *Mireille Delmas-Marty (1996)*
- **La République menacée** *Pierre-André Taguieff (1996, rééd. 2001)*
- **Cybermonde, la politique du pire** *Paul Virilio (1996, rééd. 2001)*
- **Pour une philosophie de la maladie** *François Dagognet (1996)*
- **Humanitaire : le dilemme** *Rony Brauman (1996, rééd. 2001)*

Achevé d'imprimer en août 2013
sur les presses de Normandie Roto Impression s.a.s, Lonrai.
N° d'impression : 133114
Dépôt légal : septembre 2013
*imprimé en France*